JN087641

医療・介護・福祉の消費税

四訂版

MMPG

メディカル・マネジメント・プランニング・グループ 編

税務研究会出版局

改訂にあたって（四訂版）

　2023（令和5）年10月1日から、複数税率に対応した仕入税額控除の方式として、「適格請求書等保存方式」（いわゆるインボイス制度）の開始に伴い、2019（令和元）年10月に発刊した「医療・介護・福祉の消費税（三訂版）」を改訂する運びとなりました。

　今回は、インボイス制度の施行開始に伴う改正内容を反映させるとともに、医療・介護・福祉の消費税の課否判定に関する特有の論点について最新の情報として、医療分野では、2020（令和2）年4月からの「保険外併用療養費制度への多焦点眼内レンズの追加」、2022（令和4）年4月からの「不妊治療の保険適用」、福祉分野では、2021（令和3）4月からの「産後ケア事業の非課税措置」、2023（令和5）年4月からの「一定の認可外保育施設の利用料に係る消費税の非課税措置の施行」などに関する新たな取扱いを盛り込んで改訂しています。

　消費税の税収（国税分）は2023（令和5）年度予算で23.4兆円となっており、所得税や法人税の税収を上回るようになっています。一方でその使途である社会保障4経費（年金、介護、医療、子ども・子育て支援）は2023（令和5）年度予算で32.7兆円にのぼります。医療・介護・福祉分野と消費税は、そのような意味でも密接な結びつきがあります。消費税の課否判定の際の参照先としてご活用いただくことはもちろん、本書が我が国の消費税について考えるきっかけとなれば幸いです。

　四訂版は、読者の皆様がよりご活用になりやすくなるように、内容の簡素化・スリム化・図の追加等を図りました。医療・介護・福祉事業を行う法人等の経理担当者、税理士、公認会計士、認定登録 医業経営コンサルタントなどのお役に立てれば幸いです。

最後になりましたが、本書を編纂するに際し、税務研究会出版局の長倉潤氏に多大なるご支援を賜りました。この場を借りて厚く御礼申し上げます。

令和5年11月吉日

メディカル・マネジメント・プランニング・グループ　理事長　川原　丈貴

は し が き（初版）

　1989年（平成元年）4月1日、3％の税率で大型間接税である消費税が導入されました。その際、社会保険医療について社会政策的配慮から消費税は非課税とされ、その後1991年（平成3年）の改正で「助産に係る資産の譲渡等」も非課税とされました。従って、医業分野で消費税の課税対象とされるのは、インフルエンザの予防接種や健康診査、歯列矯正など主に自由診療を中心とした一部分のものであって、医業収益の大半は非課税とされています。

　税金で「非課税」という言葉は響きが良く優遇をイメージさせますが、消費税は間接税であるため、社会保険医療等の非課税措置は医業経営に「損税」という造語を産みだすことになりました。国等は、消費税導入時に診療報酬を0.76％引き上げ、さらに5％に税率が引き上げられた際に0.77％引き上げ、合計で診療報酬に1.53％が上乗せされているので損税問題はないと解釈しています。しかし、数度の診療報酬改定により1.53％の上乗せ部分が明確でなくなっていることや、病院建物の建替え、高額医療用機器等の導入など大規模な設備投資に際しては、損税となる現実を踏まえて、医療関係団体は損税解消のための税制改正要望をしてきています。

　また、2000年（平成12年）の公的介護保険制度創設に伴い、介護サービス別の消費税の取扱いが示されて、自己選定による交通費等を除き介護保険法の規定に基づく居宅サービスや施設介護サービスは非課税とされました。

　消費税は、1997年（平成9年）に消費税率が3％から5％へと引き上げられ、2004年（平成16年）に事業者免税点の引下げ・簡易課税制度の適用上限引下げ等改正を経て、2011年度（平成23年）税制改正で、免税事業者要件と仕入税額控除95％ルールの見直しがされることになりました。今後は目的税化して社会保障を賄うため大幅な税率引上げも視野に入る状況となっています。

　このような状況下、医療・介護・福祉を専門とする職業会計人の集まりである我々ＭＭＰＧ（メディカル・マネジメント・プランニング・グループ）では、医療・介護・福祉事業の収益の課否判定を中心に、「医療・介護・福祉の消費税」

を書籍としてまとめることにいたしました。消費税の課否判定を正確に行うことにより、課税事業者となるのか否か、簡易課税は選択できるのか否か、控除対象外消費税等の処理はどのようになるのかなど消費税への具体的な対処が可能となります。

　この書籍が、医療・介護・福祉事業を行う医療法人等の経理担当者、顧問税理士・会計士、医業経営コンサルタントの方のお役に立てれば幸いです。

　最後になりましたが、本書を編纂する際、税務研究会出版局の桑原妙枝子氏に多大なるご支援を賜りました。この場をお借りして厚くお礼申し上げます。

　平成23年10月

メディカル・マネジメント・プランニング・グループ

代表理事　佐々木 直隆

目　次

第2章　医療の消費税

（収入の部）

凡　例

消法………消費税法

消令………消費税法施行令

消基通……消費税法基本通達

法令………法人税法施行令

措法………租税特別措置法

措令………租税特別措置法施行令

平28改正法…所得税法等の一部を改正する法律（平成28年法律第15号）

平30改正令…所得税法施行令等の一部を改正する政令（平成30年政令第135号）

所基通……所得税基本通達

税制抜本改革法…社会保障の安定財源の確保等を図る税制の抜本的な改革を行うための消費税法の一部を改正する等の法律

消費税転嫁対策特別措置法…消費税の円滑かつ適正な転嫁の確保のための消費税の転嫁を阻害する行為の是正等に関する特別措置法

旧軽減通達…令和５年８月10日付課消２－９ほか５課共同「消費税法基本通達の一部改正等について（法令解釈通達）」により廃止された消費税の軽減税率制度に関する取扱通達（平成28年４月12日付課軽２－１ほか５課共同「消費税の軽減税率制度に関する取扱通達の制定について」通達の別冊）

消費税の軽減税率制度に関するＱ＆Ａ（制度概要編）（個別事例編）…国税庁軽減税率・インボイス制度対応室資料※各平成28年４月（令和５年10月改訂）

消費税の仕入税額控除制度における適格請求書等保存方式に関するＱ＆Ａ…国税庁軽減税率・インボイス制度対応室資料※平成30年６月（令和５年10月改訂）

高齢者医療確保法…高齢者の医療の確保に関する法律

障害者総合支援法…障害者の日常生活及び社会生活を総合的に支援するための法律

事務連絡…介護保険法の施行に伴う消費税の取扱について（平成12年８月９日事務連絡、最終改正：平成17年９月８日事務連絡）

老企第54号…通所介護等における日常生活に要する費用の取扱いについて（平成12年３月30日老企第54号　各都道府県介護保険主管部（局）長あて厚生省老人保健福祉局企画課長通知、最終改正：令和３年３月16日老高発0316第３号・老認発0316第６号・老老発0316第５号課長通知）

厚生省告示第123号…厚生労働大臣の定める利用者等が選定する特別な居室等
　の提供に係る基準等（平成12年３月30日厚生省告示第123号、最終改正：令
　和３年３月15日厚生労働省告示第73号）
指定居宅サービス基準…指定居宅サービス等の事業の人員、設備及び運営に関
　する基準（平成11年３月31日厚生省令第37号、最終改正：令和３年１月25日
　厚生労働省令第９号）
地域密着型サービス基準…指定地域密着型サービスの事業の人員、設備及び運
　営に関する基準（平成18年３月14日厚生労働省令第34号、最終改正：令和３
　年８月16日厚生労働省令第141号）

※本書は、令和５年10月１日時点の法令に基づき改正しております。

第 1 章
消費税の概要

Q 1−1 消費税の仕組み

消費税の課税の仕組みはどのようになっていますか。

Answer

消費税の基本的な仕組みは次のようになっています。

消費税は、商品・製品の販売やサービスの提供などの取引に対して広く課税される税です。最終的に商品等を消費し、又は、サービスの提供を受ける消費者が負担し、事業者が納付します。

消費税の負担と納付の流れ

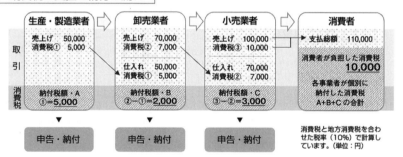

国税庁「適格請求書等保存方式の概要」（令和4年7月）より抜粋

図の例によると、小売業者は消費者から110,000円を領収し、卸売業者に対して77,000円を支払います。この時、小売業者は消費者から10,000円の消費税を預り、一方で卸売業者に7,000円の消費税を支払っています。小売業者は預かった消費税10,000円から支払った消費税7,000円を差し引いた3,000円を申告・納付することになります。同じような仕組みで卸売業者や生産・製造業者も消費税の申告・納付をすると、納付税額の合計が10,000円となり、消費者が負担した消費税10,000円と一致します。このような仕組み（多段階課税方式・前段階税額控除方式）により、消費者が負担すべき消費税を各取引段階にいる事業者が申告・納付するということを実現しています。

Q1−2 課税の対象となる取引

どのような取引に消費税が課税されますか。

Answer

消費税が課税される取引は、国内取引と輸入取引に限られ、国外取引は対象となりません。

1．課税の対象となる取引

消費税は国内での消費支出に担税力を求めて課税する税金であるため、国内で生産された物だけでなく、国外で生産されたものでも輸入されて国内で消費、使用される物であれば消費税の対象となります。

課税の対象	
	国内取引…国内において事業者が行った資産の譲渡等
	輸入取引…保税地域から引き取られる外国貨物

2．国 内 取 引

国内において事業者が行った資産の譲渡等とは、次の4要件をすべて満たす取引となります。

① 国内において行うものであること
② 事業者が事業として行うものであること
③ 対価を得て行うものであること
④ 資産の譲渡、資産の貸付け、役務の提供であること

3．国内において行う取引とは

　消費税は国内で消費される財貨やサービスに対して負担を求めるものであることから、国内において行われる取引のみが課税対象となります。

4．事業者が事業として行う取引とは

　消費税の納税義務者は事業者ですから、事業者以外の者が行った行為については課税の対象となりません。ここでいう「事業者」とは、「個人事業者（事業を行う個人）及び法人」をいいます（消法2①三、四）。なお、国、地方公共団体、人格のない社団等は法人とみなされ、事業者に含まれます（消法3、60）。

　また、「事業として行う取引」とは、「反復、継続、独立して行う資産の譲渡等」をいいます（消基通5－1－1）。事業として行うものには、事業用固定資産の売却などの事業活動に付随して行う取引を含みます（消令2③）。

判定基準	事業者	法人		課税対象
		個人事業者	事業として行う取引	
			上記以外	課税対象とならない
	事業者以外の者			

5．対価を得て行う取引とは

　「対価を得て行う」とは、資産の譲渡等に対して反対給付を受けることをいいます。したがって、寄附金、補助金、保険金、受取配当金等は一般的には資産の譲渡等の対価に該当せず、課税対象となりません。また、贈与（負担付贈与を除く）や無償取引（みなし贈与に該当するものを除く）も課税対象となりません。

6．資産の譲渡・資産の貸付け・役務の提供

　「資産の譲渡」とは、売買等の契約により、資産の同一性を保持しつつ、他の者に移転することをいいます。また、「資産の貸付け」とは、賃貸借や消費貸借等の契約により、資産を他の者に貸し付けたり、使用させたりする一切の行為をいいます。

　「役務の提供」とは、請負契約、委任契約などにより、労務、便益その他のサービスを提供することをいいます。例えば、医師による診察や介護サービスの提供は、役務の提供に属します。

7．国内取引の課税対象取引と非課税取引・免税取引との関係

　国内取引の課税対象となる取引が、そのまますぐに課税されるというわけではありません。課税対象となる取引の中で「非課税取引」に該当するものは、消費税は課されません。また、主に輸出取引については「免税取引」に該当し、消費税は免除されることとなります。

国内取引の体系	課税対象となる取引	課税取引	課税取引（10％・8％）
			免税取引
		非課税取引	
	課税対象外取引		

Q 1-3　非課税取引

国内取引のなかで消費税が非課税となる取引にはどのようなものがありますか。

Answer

消費税の課税対象となる「国内において事業者が行う資産の譲渡等」のなかには、消費に対して負担を求める消費税の性格からみて課税対象とすることになじまないものや、社会政策的な配慮から課税することが適当でないとされているものがあります。これらの取引については、非課税取引として消費税を課税しないこととされています（消法6①、別表第二）。

1．消費税の非課税取引の概要

消費税の非課税取引については、消費税法第6条において「国内において行われる資産の譲渡等のうち、別表第二に掲げるものには、消費税を課さない。」と規定されています。そして消費税法別表第二には、その具体的な内容が限定列挙されています。

消費税法別表第二に規定する非課税取引の概要

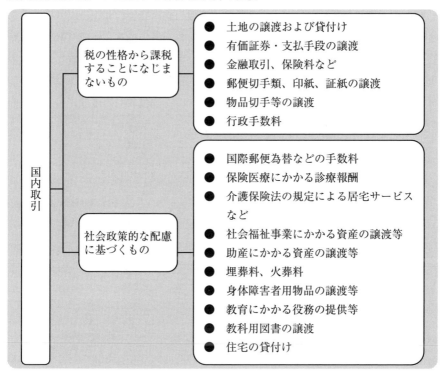

国内取引

税の性格から課税することになじまないもの
- ● 土地の譲渡および貸付け
- ● 有価証券・支払手段の譲渡
- ● 金融取引、保険料など
- ● 郵便切手類、印紙、証紙の譲渡
- ● 物品切手等の譲渡
- ● 行政手数料

社会政策的な配慮に基づくもの
- ● 国際郵便為替などの手数料
- ● 保険医療にかかる診療報酬
- ● 介護保険法の規定による居宅サービスなど
- ● 社会福祉事業にかかる資産の譲渡等
- ● 助産にかかる資産の譲渡等
- ● 埋葬料、火葬料
- ● 身体障害者用物品の譲渡等
- ● 教育にかかる役務の提供等
- ● 教科用図書の譲渡
- ● 住宅の貸付け

2．限定列挙の意味合い

　消費税の非課税取引を理解するにあたっては、別表第二が「例示列挙」ではなく「限定列挙」という点がポイントになります。限定的に非課税取引が列挙されているということは、裏を返せばここに列挙されていないものは非課税取引とはならないということです。政令等で別表第二の内容がより具体化されることはありますが、別表第二にまったく根拠を持たない取引は非課税取引とはなり得ません。消費税の非課税取引と課税取引の境界に迷ったら、まずは別表第二に立ち戻ることが重要です。

3．医療・介護・福祉分野における消費税の非課税取引

　医療・介護・福祉分野においては、多くの取引が消費税の非課税取引に該当します。したがって、医療・介護・福祉事業を営む組織の税務・経理を担当する際には、他の業種以上に、消費税の非課税取引を理解しておく必要があります。本書においても、第2章以降の紙面の多くは「消費税の非課税取引と課税取引の境界」について記載されていますので、非課税取引と課税取引の境界に迷った際の参考にされてください。

Q 1−4　消費税の納税義務者

消費税の課税対象となる取引を行った場合、すべての者が納税義務者になるのでしょうか。

Answer

国内取引、輸入取引の区分により、それぞれ次に掲げる者が納税義務者（消費税を納める義務がある者）になります（消法5①②）。

	納　税　義　務　者
国内取引	課税資産の譲渡等（特定資産の譲渡等を除く）（注1）を行う事業者（注2）
	特定課税仕入れ（注3）を行う事業者（注2）
輸入取引	課税貨物を保税地域から引き取る者（注4）

（注1）　課税資産の譲渡等とは、資産の譲渡等のうち、非課税とされるもの以外のものをいいます（消法2①九）。また、特定資産の譲渡等とは、事業者向け電気通信利用役務の提供及び特定役務の提供をいいます（消法2①八の二）。
（注2）　事業者とは個人事業者及び法人をいい、国、地方公共団体、人格のない社団等も含まれます。非居住者及び外国法人も国内において課税資産の譲渡を行う限り、納税義務者になります。
（注3）　特定課税仕入れとは、課税仕入れのうち特定仕入れに該当するものをいいます。
（注4）　事業者のほか消費者である個人も納税義務者になります。

納税事務負担等への配慮等から、一定規模以下の小規模事業者について納税義務を免除する措置が採られています（詳しくはQ1−5を参照してください。）。

Q 1-5 小規模事業者の納税義務の免除

　一定規模以下の小規模事業者については、納税事務にかかる負担等に
配慮して、納税義務が免除されているそうですが、具体的な基準はどの
ようになっていますか。

Answer

1．基準期間における課税売上高による納税義務の免除の特例

　事業者のうち、その課税期間（注1）の基準期間における課税売上高（注2）
が1,000万円以下である者については、その課税期間中に国内において行った課
税資産の譲渡等について、消費税の納税義務が免除されます（この事業者のこと
を「免税事業者」といいます。）（消法9①）（注3）。

（注1）　課税期間（原則）（消法19①一、二）

個人事業者	1月1日から12月31日までの期間
法　　人	事業年度

（注2）　基準期間における課税売上高

　　①　基準期間（消法2①十四）

個人事業者	その年の前々年
法　　人	その事業年度の前々事業年度（＊）

　　（＊）　前々事業年度が1年未満である法人については、その事業年度開始の
　　　　　日の2年前の日の前日から同日以後1年を経過する日までの間に開始し
　　　　　た各事業年度を合わせた期間

　　②　基準期間における課税売上高（消法9②一、二）

　　　　基準期間における課税資産の譲渡等の対価の額の合計額（税抜）から売上
　　　返品、売上値引、売上割戻しの金額（税抜）を控除した残額をいいます。なお、

　　　基準期間が１年でない法人の場合には、その金額を年換算した金額とします。

（注３）　相続、合併、分割等があった場合等には、納税義務の免除の特例が設けられて
　　　います（消法10、11、12）。

２．課税事業者となることの選択

　　上記１．により納税義務が免除されることとなる事業者が納税義務の免除の規
定の適用を受けない旨の届出書（「消費税課税事業者選択届出書」）を提出した場
合には、原則として提出日の属する課税期間の翌課税期間以後の課税期間の納税
義務は免除されません（消法９④）。

３．前年又は前事業年度等における課税売上高による納税義務の免除の特例

　　事業者のその課税期間の基準期間における課税売上高が1,000万円以下である
場合において、その課税期間に係る「特定期間」（注４）における課税売上高が1,000
万円を超えるときは、その課税期間の課税資産の譲渡等については納税義務の免
除の規定は適用されません（消法９の２①）。

　　なお、事業者が特定期間中に支払った所得税法に規定する給与等支払明細書に
記載すべき給与等の金額に相当するものの合計額をもって、特定期間における課
税売上高とすることができます（消法９の２③）。

例）

> 基準期間の課税売上高900万円、特定期間の課税売上高1,200万円、
> 特定期間の給与等の金額800万円の場合

　　特定期間の給与等の金額を特定期間の課税売上高とみなすと、特定期間の課税
売上高（＝800万円）＜1,000万円となり、納税義務は免除されます。

（注４）　特定期間（消法９の２④）

個人事業者	その年の前年１月１日から６月30日までの期間
その事業年度の前事業年度（「短期事業年度」（注５）を除く）がある法人	前事業年度開始の日以後６月の期間
その事業年度の前事業年度が短期事業年度である法人	その事業年度の前々事業年度（その事業年度の基準期間に含まれるもの等を除く）開始の日以後６月の期間（前々事業年度が６月以下の場合には、前々事業年度開始の日からその終了の日までの期間）

（注５）　短期事業年度とは、７月以下であるものその他一定のものをいいます（消法９の２④二）。

４．新設法人の特例

　その事業年度の基準期間がない法人（社会福祉法人を除く。）のうち、その事業年度の開始の日における資本金の額又は出資の金額が1,000万円以上である法人（「新設法人」といいます。）については、その基準期間がない事業年度に含まれる課税期間の納税義務は免除されません（消法12の２①）。「新設法人」が基準期間がない各課税期間（簡易課税制度の適用を受ける課税期間を除く。）中に調整対象固定資産（注６）の課税仕入れを行った場合には、調整対象固定資産の課税仕入れを行った日の属する課税期間の初日から原則として３年間は納税義務が免除されません（消法12の２②）。

（注６）　調整対象固定資産
　　　　　課税仕入れに係る支払対価の額（税抜）が一取引単位につき100万円以上の固定資産

５．特定新規設立法人の特例

　「特定新規設立法人」（注７）については、その基準期間がない事業年度に含まれる課税期間の納税義務は免除されません（消法12の３①）。

（注7） 特定新規設立法人（消法12の3①）

「新規設立法人」（注8）のうち、次の①、②のいずれにも該当するもの

① 基準期間がない事業年度開始の日において特定要件（他の者により新規設立法人の株式等の50%超を直接又は間接に保有される場合など、他の者により新規設立法人が支配される一定の場合）に該当すること

② 上記①の特定要件に該当するかどうかの判定の基礎となった他の者とその他の者と一定の特殊な関係にある法人のうちいずれかの者の新規設立法人のその事業年度の基準期間に相当する期間における課税売上高が5億円を超えていること

（注8） 新規設立法人（消法12の3①）

その事業年度の基準期間がない法人（「新設法人」及び社会福祉法人等を除く。）

6. 高額特定資産を取得した場合の特例

課税事業者が簡易課税制度の適用を受けない課税期間中に高額特定資産（注9）の仕入れ等を行った場合には、その高額特定資産の仕入れ等の日の属する課税期間の翌課税期間から、その高額特定資産の仕入れ等の日の属する課税期間の初日以後3年を経過する日の属する課税期間までの各課税期間は納税義務が免除されません（消法12の4①）。

（注9） 高額特定資産（消法12の4①、消令25の5①）

棚卸資産及び調整対象固定資産のうち支払対価の額等が一取引単位につき1,000万円以上（税抜）のもの

Q 1-6 消費税の軽減税率制度の概要

消費税の「軽減税率制度の概要」について教えてください。

Answer

「軽減税率制度」とは、特定の取引に関し、標準税率に比べて低い税率を適用する制度をいい、社会保障と税の一体改革の下、低所得者への配慮の観点から令和元年10月1日以降に行う飲食料品（酒類を除く。）及び週2回以上発行される新聞（定期購読契約に基づくもの）の譲渡が対象となります。

導入時期	令和元年10月1日
軽減税率 対象品目	① 飲食料品（消法2①九の二、別表第一） 　食品表示法に規定する食品（酒税法に規定する酒類を除く。）をいい、一定の一体資産を含みます。ただし、医薬品、医薬部外品及び再生医療等製品は軽減税率の対象となる飲食料品には含まれません。なお、外食やケータリング等は単なる飲食料品の譲渡ではなく、飲食サービスの提供に当たるので軽減税率の対象となりません。 ② 新聞の譲渡（消法2①九の二、別表第一） 　新聞とは、一定の題号を用い、政治、経済、社会、文化等に関する一般社会的事実を掲載する週2回以上発行されるもので、定期購読契約に基づき譲渡されるものです。

1．税率

区分 ＼ 適用日	平成26年4月1日～令和元年9月30日	令和元年10月1日以降	
		標準税率	軽減税率
消費税率	6.3%	7.8%	6.24%
地方消費税率	1.7%（消費税額の17／63）	2.2%（消費税額の22／78）	1.76%（消費税額の22／78）
合計	8.0%	10.0%	8.0%

2．飲食料品の範囲

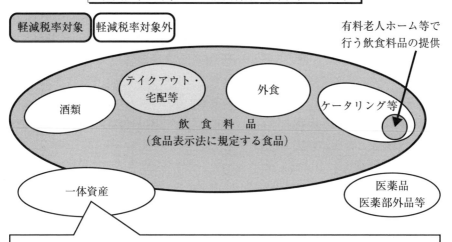

食品と食品以外の資産があらかじめ一体となっている資産で、その一体となっている資産に係る価格のみが提示されているもののうち、税抜価額が1万円以下であって、食品に係る部分の価額の占める割合が 2/3 以上のものに限り、全体が軽減税率の対象

出典：国税庁資料「消費税の軽減税率制度に関するＱ＆Ａ（制度概要編）」

3．適用税率の判定時期

　軽減税率の適用の対象となる取引か否かの判定は、事業者が課税資産の譲渡等を行う時とされています。すなわち、飲食料品を提供する時点（取引を行う時点）でその資産の譲渡等に軽減税率が適用されるかどうかを判断することとなります。

　したがって、飲食料品を販売する事業者が、人の飲用又は食用に供されるものとして譲渡した場合には、顧客がそれ以外の目的で購入し、又はそれ以外の目的で使用したとしても、その取引は「飲食料品の譲渡」に該当し、軽減税率の対象となります。

4．医薬品・医薬部外品等の販売

　「医薬品、医療機器等の品質、有効性及び安全性の確保等に関する法律」に規定する「医薬品」、「医薬部外品」及び「再生医療等製品」は、食品表示法の「食品」から除かれているため、これらの販売は、軽減税率の対象となりません。

例）　ドラックストアで販売する栄養ドリンクのうち「医薬品」や「医薬部外品」
　　に該当するものの販売は、軽減税率の対象となりませんが、「医薬品」や「医
　　薬部外品」に該当しない栄養ドリンクは、「食品」に該当し、その販売は軽減
　　税率の対象となります。

【参考】　食品表示法（平成25年法律第70号）第2条第1項
　　　　　この法律において「食品」とは、全ての飲食物（医薬品、医療機器等の品質、
　　　　有効性及び安全性の確保等に関する法律（昭和35年法律第145号）第2条第1項
　　　　に規定する医薬品、同条第2項に規定する医薬部外品及び同条第9項に規定する
　　　　再生医療等製品を除き、食品衛生法第4条第2項に規定する添加物（第4条第1
　　　　項第1号及び第11条において単に「添加物」という。）を含む。）をいう。

Q 1−7 消費税の届出等

税務署への届出が必要になるのは、どのような場合ですか。また、税務署の承認を受ける必要があるのはどのような場合ですか。

Answer

事業者が次に掲げる要件に該当することとなった場合には、該当する事実を記載した届出書を事業者の納税地の所轄税務署長に提出しなければなりません。届出等の中には、適用を受けたい課税期間が始まる前までに提出を要するものもあります。ここでは、提出時期について具体的な指定があり、かつ届出等を忘れがちなものに絞って紹介します。

1．届出が必要な場合（抜粋）

届出が必要となる場合	届出書名	提出時期
免税事業者が課税事業者になることを選択する場合（消法9④）	消費税課税事業者選択届出書（第1号様式）	適用を受けようとする課税期間の初日の前日まで（事業を開始した日の属する課税期間等の場合には、その課税期間中）
課税事業者を選択した事業者がその選択をやめる場合（消法9⑤）	消費税課税事業者選択不適用届出書（第2号様式）	免税事業者に戻ろうとする課税期間の初日の前日まで（注1）

届出が必要となる場合	届出書名	提出時期
簡易課税制度を選択する場合（消法37①）（注2）	消費税簡易課税制度選択届出書（インボイス第9号様式）	適用を受けようとする課税期間の初日の前日まで（事業を開始した日の属する課税期間等の場合には、その課税期間中）（注3）
簡易課税制度を選択した事業者がその選択をやめる場合（消法37⑤）	消費税簡易課税制度選択不適用届出書（第25号様式）	適用をやめようとする課税期間の初日の前日まで（注4）
課税期間の特例を選択又は変更する場合（消法19①三〜四の二）（注5）	消費税課税期間特例選択・変更届出書（第13号様式）	特例の適用を受け又は変更しようとする課税期間の初日の前日まで（事業を開始した日の属する期間等の場合には、その期間中）（注5）
課税期間の特例の選択をやめる場合（消法19③）	消費税課税期間特例選択不適用届出書（第14号様式）	特例の適用をやめようとする課税期間の初日の前日まで（注6）
承認を受けた課税売上割合に準ずる割合の適用をやめる場合（消法30③）	消費税課税売上割合に準ずる割合の不適用届出書（第23号様式）	適用をやめようとする課税期間の末日まで

届出が必要となる場合	届出書名	提出時期
消費税の確定申告書を提出すべき法人（法人税の申告期限の延長の特例の適用を受ける法人）が、消費税の確定申告の期限を1か月延長しようとするとき	消費税申告期限延長届出書（第28-(14)号様式）	特例の適用を受けようとする事業年度または連結事業年度終了の日の属する課税期間の末日まで（注7）
消費税の確定申告の期限の延長特例の適用を受けている法人が、その適用をやめようとするとき	消費税申告期限延長不適用届出書（第28-(15)号様式）	消費税の確定申告の期限の延長特例の適用をやめようとする事業年度または連結事業年度終了の日の属する課税期間の末日まで

（注1）　事業を廃止した場合を除き、課税事業者選択届出書の提出により課税事業者となった日から2年間（一定の場合には3年間）は提出することができません（消法9⑥、⑦）。

（注2）　簡易課税制度を選択した場合でも、基準期間の課税売上高が5,000万円を超える課税期間については、簡易課税制度を適用することはできません。

（注3）　調整対象固定資産や高額特定資産の仕入れ等を行った場合で一定の要件に該当する場合には、一定期間提出することができません（消法37②、③）。

（注4）　事業を廃止した場合を除き、簡易課税制度の適用を開始した課税期間の初日から2年を経過する日の属する課税期間の初日以後でなければ提出することができません（消法37⑥）。

（注5）　事業を廃止した場合を除き、課税期間特例の届出の効力が生じた日から2年を経過する日の属する期間の初日以後でなければ、変更届出書を提出することができません（消法19⑤）。

（注6）　事業を廃止した場合を除き、課税期間特例の届出の効力が生じた日から2年を経過する日の属する期間の初日以後でなければ、提出することはできません（消法19⑤）。

（注7）　この特例は令和3年3月31日以後に終了する事業年度または連結事業年度終了の日の属する課税期間から適用されます。

2．承認が必要な場合（抜粋）

　また、次に掲げる場合には、納税地の所轄税務署長の承認を受けなければなりません。

承認が必要となる場合	承認申請書名	承認申請時期、効力発生時期等
課税売上割合に代えて課税売上割合に準ずる割合を用いて、仕入控除税額を計算する場合（消法30③）	消費税課税売上割合に準ずる割合の適用承認申請書（第22号様式）	承認を受けた日の属する課税期間から適用可
やむを得ない事情により課税事業者選択届出書又は選択不適用届出書をその適用（不適用）を受ける課税期間の初日の前日までに提出できなかった場合（消令20の2①、②）	消費税課税事業者選択（不適用）届出に係る特例承認申請書（第33号様式）	やむを得ない事情がやんだ日から2月以内
やむを得ない事情により簡易課税制度選択届出書又は選択不適用届出書をその適用（不適用）を受ける課税期間の初日の前日までに提出できなかった場合（消令57の2①、②）	消費税簡易課税制度選択（不適用）届出に係る特例承認申請書（第34号様式）	やむを得ない事情がやんだ日から2月以内
災害等により被害を受けた事業者がその被害により、災害等の生じた課税期間について簡易課税制度の適用を受けることが必要となった場合又は適用を受ける必要がなくなった場合（消法37の2①、⑥）	災害等による消費税簡易課税制度選択（不適用）届出に係る特例承認申請書（第35号様式）	災害その他やむを得ない理由のやんだ日から2月以内（注1）

承認が必要となる場合	承認申請書名	承認申請時期、効力発生時期等
適格請求書発行事業者（インボイス発行事業者）になるとき	適格請求書発行事業者の登録申請書（第1－（1）号様式）	令和5年10月1日から登録を受けるためには、令和5年9月30日まで（注2）

（注1）　災害等のやんだ日がその申請に係る課税期間の末日の翌日以後に到来する場合には、その課税期間に係る申告書の提出期限まで。

（注2）　免税事業者がインボイス発行事業者として登録を受けるためには、「消費税課税事業者選択届出書」を提出し、課税事業者となる必要がありますが、令和5年10月1日から令和11年9月30日までの日を含む課税期間中に登録を受けた場合は、「消費税課税事業者選択届出書」を提出することなく、登録を受けた日から課税事業者となる経過措置が設けられています。

Q 1-8　消費税の申告・納付

消費税はいつまでに申告・納付しなければならないのでしょうか。

Answer

　消費税の申告には「中間申告」と「確定申告」があります。消費税は、その提出期限までに納付する必要があります。

1．中間申告

　消費税は消費者が負担し、事業者が納付する税金ですから、事業者は消費者から受け取った消費税をしばらく預かっておく必要があります。このため、事業者の運用収益の排除及び国の財政収入の確保の観点から、消費税には中間申告制度が設けられています。

　中間申告の方法には「前課税期間の実績による申告」と「仮決算による申告」の2種類があり、事業者が任意に選択することができます。また、無申告の場合はその提出期限において「前課税期間の実績による申告」があったものとみなされます。

中間申告の方法	申告書を提出する場合	前課税期間の実績による申告
		仮決算による申告
	無申告の場合　→「前課税期間の実績による申告」があったものとみなす	

　消費税の中間申告は「直前の課税期間の確定消費税額（注1）」に応じて、その回数が変化する仕組みとなっています。

直前の課税期間の確定消費税額	48万円以下	48万円超から400万円以下	400万円超から4,800万円以下	4,800万円超
中間申告の回数	原則中間申告不要	年3回	年3回	年11回
中間申告提出・納付期限		各中間申告の対象となる課税期間の末日の翌日から2か月以内		(注2)
中間納付税額(国税)(注3)		直前の課税期間の確定消費税額の6/12	直前の課税期間の確定消費税額の3/12	直前の課税期間の確定消費税額の1/12
1年の合計申告回数	確定申告1回	確定申告1回中間申告1回	確定申告1回中間申告3回	確定申告1回中間申告11回

(注1)　「確定消費税額」とは、中間申告対象期間の末日までに確定した消費税の年税額をいいます（地方消費税は含みません。）

(注2)　年11回の中間申告の申告・納付期限

個人事業者	法人
1月から3月分→5月末日	その課税期間開始後の1か月分→その課税期間開始日から2か月を経過した日から2か月以内
4月から11月分→中間申告対象期間の末日の翌日から2か月以内	上記1か月分以後の10か月分→中間申告対象期間の末日の翌日から2か月以内

(注3)　中間納付税額（国税）と併せて地方消費税の中間納付税額を納付することになります。

2．確定申告

　課税事業者は、課税期間の末日の翌日から2か月以内に確定申告書の提出及び納付が義務付けられています（消法45①）。なお、個人事業者の12月31日の属する課税期間については、その翌年3月31日まで延長されています（措法86の4①）。

　また、法人税において確定申告書の提出期限の延長を受けている法人については「消費税の確定申告書の提出期限を延長する旨の届出書」を提出することにより、消費税の申告期限も延長することができます（消法45の2①）。

確定申告期限	原則	課税期間の末日の翌日から2か月以内
	個人事業者の12月31日の属する課税期間	翌年3月31日
	消費税の提出期限の延長（限られた法人のみ）	課税期間の末日の翌日から3か月以内

Q 1−9 消費税額の計算

消費税の納付税額は、どのように計算しますか。

Answer

消費税の納付税額は次の算式により計算します。

1．納付税額

| 消費税額（下記2.） | ＋ | 地方消費税額（下記3.） |

2．消費税額（国税・7.8％（軽減税率6.24％））

| 課税売上げに係る消費税額 | － | 課税仕入れ等に係る消費税額（注1）
（仕入控除税額） |

3．地方消費税額（地方税・2.2％（軽減税率1.76％））

$$消費税額（上記2.）\times \frac{22}{78}$$

（注1） 課税仕入れ等に係る消費税額とは、その課税期間中に国内において行った課税仕入れ（注2）に係る消費税額（注3）、特定課税仕入れに係る消費税額及びその課税期間における保税地域からの引取りに係る課税貨物につき課された又は課されるべき消費税額の合計額をいいます（消法30①）。

（注2） 課税仕入れとは、事業者が、事業として「他の者」から資産を譲り受け、若しくは借り受け、又は役務の提供（所得税法に規定する給与等を対価とする役務の提供を除きます。）を受けることをいいます（消法2①十二）。

　　　なお、課税仕入れは、「他の者」が事業としてその資産を譲り渡し、若しくは貸し付け、又はその役務の提供をしたとした場合に課税資産の譲渡等に該当する

もので、輸出免税等の規定により免税とされるもの以外のものに限ります。

「他の者」には課税事業者及び免税事業者のほか消費者が含まれます（消基通 11-1-3）。

(注3)　課税仕入れに係る消費税額は次の算式により計算します。

> 〔標準税率〕課税仕入れに係る支払対価の額（注4）×7.8／110

> 〔軽減税率〕課税仕入れに係る支払対価の額（注4）×6.24／108

(注4)　課税仕入れに係る支払対価の額とは、課税仕入れの対価の額（対価として支払い、又は支払うべき一切の金銭等とし、消費税額及び地方消費税額（附帯税を除く）を含みます。）をいいます（消法30⑥）。

4．仕入控除税額

仕入控除税額の計算方法は、原則課税による場合と簡易課税制度を適用している場合で異なります。

	仕入控除税額の計算方法
原則課税（原則）	実額（課税仕入れ等に係る消費税額）による計算 （全額控除、個別対応方式、一括比例配分方式により計算）
簡易課税（特例）	課税売上げに係る消費税額に、事業の種類に応じた「みなし仕入率」を乗じた金額を仕入控除税額とみなして計算

Q 1−10　原則課税による計算方法

　当医療法人は、消費税の仕入控除税額の計算に関する届出等は行っておりません（簡易課税制度を選択していません）が、仕入控除税額はどのように計算しますか。

Answer

　簡易課税制度を適用しない場合の仕入控除税額の計算は次のようになります（消法30①、②）。

	課税売上高が5億円以下	課税売上高が5億円超
課税売上割合が95％以上の場合	全額控除	個別対応方式（又は）一括比例配分方式
課税売上割合が95％未満の場合	個別対応方式（又は）一括比例配分方式	

1．課税売上割合

　課税売上割合とは、事業者がその課税期間中に国内において行った資産の譲渡等（特定資産の譲渡等を除く。）の対価の額の合計額のうちにその課税期間中に国内において行った課税資産の譲渡等の対価の額の合計額の占める割合をいいます（消法30⑥）。

　なお、資産の譲渡等の対価の額及び課税資産の譲渡等の対価の額は、いずれも消費税額及び地方消費税額に相当する額を含みません（消令48①、消法28①）。

　また、それぞれ売上げに係る対価の返還等（売上返品、売上値引、売上割戻しなど）がある場合には、その金額を控除します（消令48①）。

〔課税売上割合〕

$$\frac{\text{その課税期間中に国内において行った}\atop\text{課税資産の譲渡等の対価の額の合計額}\left(\text{売上げに係る対価の返還}\atop\text{等の金額を控除した残額}\right)\text{(税抜)}}{\text{その課税期間中に国内において行った}\atop\text{資産の譲渡等(特定資産の譲渡等を}\atop\text{除く。)の対価の額の合計額}\left(\text{売上げに係る対価の返還}\atop\text{等の金額を控除した残額}\right)\text{(税抜)}}$$

2.　課税売上高が5億円以下かつ課税売上割合が95%以上の場合

　課税資産の譲渡等のみを行っている場合や課税期間における課税売上高が5億円以下であり、かつ、課税売上割合が95%以上の場合は、課税仕入れ等に係る消費税額の全額を控除します（消法30①）。

3.　課税売上高が5億円超又は課税売上割合が95%未満の場合

　課税期間における課税売上高が5億円を超える場合、又は課税売上割合が95%未満の場合は、課税仕入れ等の税額の全額を控除することはできず、課税資産の譲渡等に対応する課税仕入れ等の税額についてのみ控除の対象となります（消法30②）。

　具体的には、個別対応方式又は一括比例配分方式で計算した仕入控除税額を課税標準額に対する消費税額から控除します。

① 　個別対応方式

　個別対応方式とは、課税仕入れ等について、

イ）　課税資産の譲渡等にのみ要するもの

ロ）　課税資産の譲渡等以外の資産の譲渡等（その他の資産の譲渡等）にのみ要するもの

ハ）　課税資産の譲渡等とその他の資産の譲渡等に共通して要するもの

にその区分が明らかにされている場合に選択することができる方式であり、次の算式により仕入控除税額を計算します（消法30②一）。

イ）に係る課税仕入れ等の税額の合計額	＋	ハ）に係る課税仕入れ等の税額の合計額	×	課税売上割合（注1）

（注1） 所轄税務署長の承認を受けた場合には、課税売上割合に代えて課税売上割合に
準ずる割合（合理的に算定されたもの）を用いて計算することができます。

② 一括比例配分方式

一括比例配分方式とは、課税仕入れ等について区分を行わずに仕入控除税額を
計算する方式です。区分が明らかにされていない場合又は区分が明らかされてい
る場合であっても納税者が選択した場合に適用されます。

一括比例配分方式は次の算式により仕入控除税額を計算します（消法30②二）。

| 課税仕入れ等の税額の合計額 | × | 課税売上割合 |

③ 計算方式の変更制限

一括比例配分方式により計算することとした事業者は、一括比例配分方式を2
年間以上継続して適用した後でなければ、個別対応方式により計算することはで
きません（消法30⑤）。

Q 1−11　簡易課税制度による計算方法

仕入控除税額の計算方法で簡易課税制度とはどのような制度ですか。

Answer

　簡易課税制度とは中小事業者に対する仕入控除税額の計算方法の特例をいいます。この制度の適用を受けた場合には、原則課税による計算方法（Q 1 −10参照）によらず、課税売上高を基にして仕入控除税額を計算します。そのため、実際の課税仕入れ等に係る消費税額を計算する必要がありません。

1．簡易課税制度

　事業者（免税事業者を除く）が、基準期間における課税売上高が5,000万円以下である課税期間について、簡易課税制度を選択した場合には、課税標準額に対する消費税額から控除することができる課税仕入れ等の税額の合計額は、その課税期間の課税標準額に対する消費税額から売上げに係る対価の返還等の金額に係る消費税額の合計額を控除した残額にみなし仕入率を乗じた金額とされます（消法37①）。

2．簡易課税制度による仕入控除税額の計算方法

$$\left\{ \begin{array}{c} 課税標準額に \\ 対する消費税額 \end{array} - \begin{array}{c} 売上げに係る対価の返還 \\ 等の金額に係る消費税額 \end{array} \right\} \times \begin{array}{c} みなし \\ 仕入率 \end{array}$$

3．簡易課税制度の適用を受けるための要件

　簡易課税制度の適用を受けるためには、原則として、次の要件をすべて満たす必要があります。

① その課税期間の基準期間における課税売上高が5,000万円以下であること
② 「消費税簡易課税制度選択届出書」を事業者の納税地を所轄する税務署長に提出していること

4．みなし仕入率

みなし仕入率は事業の区分に応じて定められています（消法37①、消令57①、⑤、⑥）。

事業区分	みなし仕入率	事　業　の　種　類
第一種事業	90％	卸売業〔他の者から購入した商品をその性質及び形状を変更しないで、他の事業者に販売する事業をいいます。〕
第二種事業	80％	小売業〔他の者から購入した商品をその性質及び形状を変更しないで販売する事業で、第一種事業以外のものをいいます。〕
第三種事業	70％	農業（注1）、林業（注1）、漁業（注1）、鉱業、建設業、製造業（製造小売業を含みます。）、電気業、ガス業、熱供給業、水道業〔第一種事業、第二種事業に該当するもの及び加工賃等を対価とする役務の提供を行う事業を除きます。〕（注2）
第四種事業	60％	第一種事業から第三種事業及び第五種事業並びに第六種事業以外の事業 例）・飲食店業 ・事業者が自己において使用していた固定資産等の譲渡 ・加工賃等を対価とする役務の提供を行う事業

第五種事業	50%	運輸通信業、金融業、保険業及びサービス業（飲食店業を除きます。）〔第一種事業から第三種事業に該当するものを除きます。〕 ＊医療、介護、福祉はサービス業の範囲に含まれ第五種事業に該当します。（注2）
第六種事業	40%	不動産業〔第一種事業から第三種事業及び第五種事業に該当するものを除きます。〕

（注1） 農業、林業、漁業のうち、飲食料品の譲渡に係るものは第二種事業になります。
（注2） 第三種事業、第五種事業及び第六種事業の範囲は、おおむね日本標準産業分類（総務省）の大分類に掲げる分類を基礎として判定されます。

5．みなし仕入率の適用
① 1種類の事業を営む事業者の場合
　第一種事業から第六種事業までのうち、1種類の事業のみを営む事業者である場合には、その事業区分に応じた「みなし仕入率」を適用します。
② 2種類以上の事業を営む事業者の場合
　第一種事業から第六種事業までのうち、2種類以上の事業を営む事業者である場合には、一定の算式により計算した「みなし仕入率」を適用します。

Q 1-12 適格請求書等保存方式（インボイス制度）

インボイス制度とはどのような制度ですか。

Answer

　インボイス制度の正式名称は「適格請求書等保存方式」です。複数税率に対応したものとして開始される、仕入税額控除の方式です。

1．適格請求書等保存方式（インボイス制度）の基本的な仕組み

　インボイス制度は、その正式名称を「適格請求書等保存方式」といい、もともと複数税率に対応するための、仕入税額控除のひとつの方式です。令和5年10月1日より開始されました。インボイス制度の仕組みを理解するには、消費税の基本的な仕組みを理解する必要があります。

　消費税は、商品・製品の販売やサービスの提供などの取引に対して広く課税される税です。最終的に商品等を消費し、又は、サービスの提供を受ける消費者が負担し、事業者が納付します（詳しくはQ1-1参照のこと）。

消費税の負担と納付の流れ

出典：国税庁資料「適格請求書等保存方式の概要（令和4年7月）」

　また、消費税の税率は、標準税率10%、軽減税率8%の複数税率です（詳しく

はQ1-6参照のこと)。

	標準税率	軽減税率
消費税率	7.8%	6.24%
地方消費税率	2.2%(消費税額の22/78)	1.76%(消費税額の22/78)
合計	10%	8%

　消費税は、課税売上げに係る消費税額から、課税仕入れ等に係る消費税額を差し引いて(これを仕入税額控除といいます)計算します(詳しくはQ1-9参照のこと)。

計算方法

消費税額 ＝ 課税売上げに係る消費税額※(売上税額) － 課税仕入れ等に係る消費税額※(仕入税額)

※　消費税額は、税率ごとに区分して計算する必要があります。

⇩

仕入税額控除

出典:国税庁資料「適格請求書等保存方式の概要(令和4年7月)」

　消費税の区分記載請求書等保存方式(～令和5年9月)では、仕入税額控除の要件を「一定の事項が記載された帳簿の保存」と「区分記載請求書等の保存」の2つとしていました。令和5年10月1日より開始された適格請求書等保存方式(インボイス制度)では、仕入税額控除をするには「一定の事項が記載された帳簿の保存」と「適格請求書(インボイス)等の保存」の2つの要件を満たす必要があります。

仕入税額控除の要件

	～令和5年9月 【区分記載請求書等保存方式】	令和5年10月～ 【適格請求書等保存方式】 （インボイス制度）	
帳簿	一定の事項が記載された 帳簿の保存	区分記載請求書等保存方式 と同様	
請求書等	区分記載請求書等 の保存	適格請求書（インボイス）等 の保存	ここが 変わります

出典：国税庁資料「適格請求書等保存方式の概要（令和4年7月）」

　区分記載請求書等保存方式と適格請求書等保存方式（インボイス制度）との最大の相違点は、「免税事業者からの仕入れについて仕入税額控除が認められるのか」という点です。適格請求書（インボイス）を交付できるのは、国税庁に登録をした適格請求書発行事業者であり、その登録は消費税の課税事業者でなければできません。そのため、適格請求書等保存方式（インボイス制度）では、免税事業者からの仕入れは仕入税額控除の対象とはなりません。

２．適格請求書（インボイス）とは

　適格請求書（インボイス）とは、次の事項が記載された書類（請求書、納品書、領収書、レシート等）をいいます（消法57の4①）。様式は法令や通達等で定められておらず、必要な事項が記載されたものであれば、名称を問わず、また、手書きであっても、適格請求書（インボイス）に該当します。

　なお、不特定多数の者に対して販売等を行う小売業、飲食店業、タクシー業等に係る取引については、適格請求書（インボイス）に代えて「適格簡易請求書」を交付することもできます。

【記載事項】　○　下線の項目が、現行の区分記載請求書の記載事項に追加される事項です。

　　　　　　　○　不特定多数の者に対して販売等を行う小売業、飲食店業、タクシー業等に係る取引については、適格請求書に代えて、適格簡易請求書を交付することができます。

適格請求書	適格簡易請求書
① 適格請求書発行事業者の氏名又は名称及び 登録番号	① 適格請求書発行事業者の氏名又は名称及び 登録番号
② 取引年月日	② 取引年月日
③ 取引内容（軽減税率の対象品目である旨）	③ 取引内容（軽減税率の対象品目である旨）
④ 税率ごとに区分して合計した対価の額 （税抜き又は税込み）及び適用税率	④ 税率ごとに区分して合計した対価の額 （税抜き又は税込み）
⑤ 税率ごとに区分した消費税額等※	⑤ 税率ごとに区分した消費税額等※又は適用税率
⑥ 書類の交付を受ける事業者の氏名又は名称	

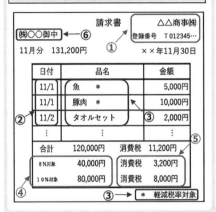

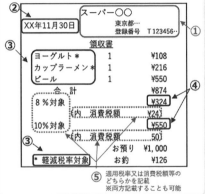

※　⑤の「税率ごとに区分した消費税額等」の端数処理は、一の適格請求書につき、税率ごとに1回ずつとなります。

出典：国税庁資料「適格請求書等保存方式の概要（令和4年7月）」

3．適格請求書発行事業者の登録制度

　適格請求書等保存方式（インボイス制度）においては、仕入税額控除の要件として、原則、適格請求書発行事業者から交付を受けた適格請求書（インボイス）の保存が必要になります。

　適格請求書を交付しようとする課税事業者は、納税地を所轄する税務署長に適格請求書発行事業者の登録申請書（以下「登録申請書」といいます）を提出し、

適格請求書発行事業者として登録を受ける必要があり、税務署長は、氏名又は名称及び登録番号等を適格請求書発行事業者登録簿に登載し、登録を行います（消法57の2①②④）。

　また、相手方から交付を受けた請求書等が適格請求書に該当することを客観的に確認できるよう、適格請求書発行事業者登録簿に登載された事項については、インターネットを通じて公表されます（消令70の5）。

4．免税事業者が適格請求書発行事業者の登録申請をする場合

　免税事業者がインボイスの登録申請をする場合には、適格請求書発行事業者になろうとする課税期間の初日から起算して15日前の日までに登録申請書を提出しなければなりません（消法57の2②、消令70の2）。

　免税事業者が令和5年10月1日から令和11年9月30日までの日の属する課税期間中に登録を受ける場合には、課税事業者選択届出書の提出はせずに、課税期間の中途から適格請求書発行事業者になることができます。ただし、令和5年10月2日以後に開始する課税期間については、登録開始日から2年を経過する日の属する課税期間までの間は免税事業者になることはできません（平成28年改正法附則44④⑤）。

5．適格請求書（インボイス）の交付義務

　適格請求書発行事業者は、国内において課税資産の譲渡等を行った場合に相手方から交付を求められたときは、適格請求書（インボイス）を交付しなければなりません（消法57の4①）。これに関連して、適格請求書発行事業者には原則として以下の義務が課されます。

○ **適格請求書の交付**
　取引の相手方（課税事業者）の求めに応じて、適格請求書（又は適格簡易請求書）を交付する

○ **適格返還請求書の交付**
　返品や値引きなど、売上げに係る対価の返還等を行う場合に、適格返還請求書を交付する

○ **修正した適格請求書の交付**
　交付した適格請求書（又は適格簡易請求書、適格返還請求書）に誤りがあった場合に、修正した適格請求書（又は適格簡易請求書、適格返還請求書）を交付する

○ **写しの保存**
　交付した適格請求書（又は適格簡易請求書、適格返還請求書）の写しを保存する

※　適格請求書発行事業者が、偽りの記載をした適格請求書を交付することは、法律によって禁止されており、違反した場合の罰則も設けられています。

出典：国税庁資料「適格請求書等保存方式の概要（令和４年７月）」

６．免税事業者等からの課税仕入れに係る経過措置

　既に解説した通り、適格請求書等保存方式（インボイス制度）開始後は、免税事業者や消費者など、適格請求書発行事業者以外の者（以下「免税事業者等」といいます）から行った課税仕入れは、原則として仕入税額控除の適用を受けることができません。

　ただし、制度開始後６年間は、免税事業者等からの課税仕入れについても、仕入税額相当額の一定割合を仕入税額として控除できる経過措置が設けられています。

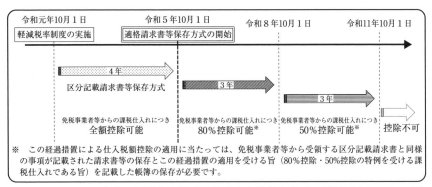

※　この経過措置による仕入税額控除の適用に当たっては、免税事業者等から受領する区分記載請求書と同様の事項が記載された請求書等の保存とこの経過措置の適用を受ける旨（80％控除・50％控除の特例を受ける課税仕入れである旨）を記載した帳簿の保存が必要です。

出典：国税庁資料「適格請求書等保存方式の概要（令和４年７月）」

Q 1-13 適格請求書等保存方式の軽減措置（令和5年度改正）

インボイス制度の開始にあわせて、追加で「負担軽減措置」が発表されたと聞きました。どのようなものがありますか。

Answer

　主に小規模事業者の負担軽減のために、適格請求書等保存方式（インボイス制度）に関して、令和5年度の税制改正により追加でいくつかの軽減措置がきまりました。

1．適格請求書発行事業者となる小規模事業者に対する負担軽減措置（2割特例）

　小規模な事業者に対する負担軽減措置として、免税事業者が適格請求書発行事業者の登録を受けて課税事業者となった場合に、適格請求書等保存方式の開始から3年間、その納付税額を売上税額の2割とすることができる経過措置が設けられました。

　計算のイメージは下記のとおりです。一般課税、簡易課税のどちらを選択していても2割特例を適用することができます。また、事前の届出は不要であり、申告時に選択することができます。対象期間は令和5年10月1日から令和8年9月30日までの日の属する課税期間です。

出典：国税庁「消費税インボイス制度に関する改正について（令和5年4月）」

　２割特例を適用可能となる事業者は「インボイス制度を機に免税事業者からインボイス発行事業者となった事業者」です。ただし、例えば以下の課税期間については２割特例の適用はできません。

● 　消費税課税事業者選択届出書を提出して令和５年９月30日以前から課税事業者となる事業者の令和５年10月１日を含む課税期間

● 　登録をしていない場合であっても、事業者免税点制度の適用を受けないこととなる課税期間

２．少額取引について帳簿保存のみで仕入税額控除が可能

　一定規模以下の事業者の事務負担の軽減を図る観点から、基準期間における課税売上高が１億円以下である課税期間又は特定期間における課税売上高が５千万円以下である課税期間のうち、令和５年10月１日から令和11年９月30日までの間に行った課税仕入れに係る支払対価の額（税込）が、１回の取引で１万円未満である場合には、一定の事項が記載された帳簿のみの保存で仕入税額控除制度の適用が認められることとされました（平成28年改正法附則53の２、平成30年改正消令附則24の２①）。

３．少額の返品値引きについて返還インボイスの交付が不要

　適格請求書発行事業者が国内において行った課税資産の譲渡等につき、返品や値引き、割戻しなどの売上げに係る対価の返還等を行った場合には返還インボイスの交付義務がありますが、その金額が税込１万円未満の場合には、交付義務が免除されることとなりました。なお、この軽減措置については、適用期限はありません。

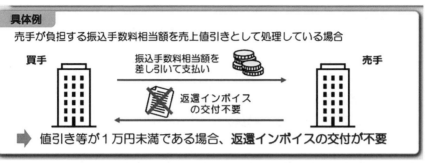

出典：国税庁「消費税インボイス制度に関する改正について（令和5年4月）」

Q 1-14　インボイスの交付や保存の義務

適格請求書等保存方式（インボイス制度）では、全ての取引について
インボイスの交付や保存が必要なのでしょうか？

Answer

　適格請求書発行事業者は、取引先から要求されたときは、インボイスを交付し
なければなりません。さらに、交付した書類の写しの保存義務があります。仕入
税額控除の適用を受けるためには、インボイス等の法定書類の保存が必要になり
ます。ただし、一部取引については帳簿への記載のみで仕入税額控除が認められ
ます。

1．適格請求書発行事業者のインボイス交付・保存義務

　適格請求書発行事業者は、国内において課税資産の譲渡等を行った場合に相手
方から求められたときは、適格請求書（インボイス）を交付しなければなりませ
ん（消法57の4①）。これに関連して、適格請求書発行事業者には原則として以下
の義務が課されます。

- ○　**適格請求書の交付**
　取引の相手方（課税事業者）の求めに応じて、適格請求書（又は適格簡易請求書）を交付する
- ○　**適格返還請求書の交付**
　返品や値引きなど、売上げに係る対価の返還等を行う場合に、適格返還請求書を交付する
- ○　**修正した適格請求書の交付**
　交付した適格請求書（又は適格簡易請求書、適格返還請求書）に誤りがあった場合に、修正した適格請求書（又は適格簡易請求書、適格返還請求書）を交付する
- ○　**写しの保存**
　交付した適格請求書（又は適格簡易請求書、適格返還請求書）の写しを保存する

　※　適格請求書発行事業者が、偽りの記載をした適格請求書を交付することは、法律によって禁止されており、違反し
　　た場合の罰則も設けられています。

出典：国税庁資料「適格請求書等保存方式の概要（令和4年7月）」

　このうち「写しの保存」として必要な保存書類は、交付した書類そのものを複写したものに限らず、その適格請求書の記載事項が確認できる程度の記載がされているものもこれに含まれます（消費税の仕入税額控除制度における適格請求書等保存方式に関する Q&A）。

【問】

　適格請求書発行事業者は、交付した適格請求書の写しの保存が義務付けられるとのことですが、「交付した適格請求書の写し」とは、交付した書類を複写したものでなければならないのですか。

【答】

　適格請求書発行事業者には、交付した適格請求書の写し及び提供した適格請求書に係る電磁的記録の保存義務があります（消法57の4⑥）。

　「交付した適格請求書の写し」とは、交付した書類そのものを複写したものに限らず、その適格請求書の記載事項が確認できる程度の記載がされているものもこれに含まれますので、例えば、適格簡易請求書に係るレジのジャーナル、複数の適格請求書の記載事項に係る一覧表や明細表などの保存があれば足りることとなります。

※　自己が一貫して電子計算機を使用して作成した適格請求書については、その写しを電磁的記録により保存することも認められます。

出典：国税庁「消費税の仕入税額控除制度における適格請求書等保存方式に関する Q&A」

2．仕入税額控除の適用を受けるための要件

　消費税の区分記載請求書等保存方式（〜令和5年9月）では、仕入税額控除の要件を「一定の事項が記載された帳簿の保存」と「区分記載請求書等の保存」の2つとしていました。令和5年10月1日より開始された適格請求書等保存方式（インボイス制度）では、仕入税額控除をするには「一定の事項が記載された帳簿の保存」と「適格請求書（インボイス）等の保存」の2つの要件を満たす必要があります。

仕入税額控除の要件

	～令和5年9月 【区分記載請求書等保存方式】	令和5年10月～ 【適格請求書等保存方式】 （インボイス制度）	
帳簿	一定の事項が記載された 帳簿の保存	区分記載請求書等保存方式 と同様	
請求書等	区分記載請求書等 の保存	適格請求書（インボイス）等 の保存	ここが 変わります

出典：国税庁資料「適格請求書等保存方式の概要（令和4年7月）」

３．帳簿のみの保存で仕入税額控除が認められる場合

　一部の課税仕入れについては、その課税仕入れを行った事業者において適格請求書等の保存を省略することができます。したがってこの場合は、一定の事項が記載された帳簿のみの保存により、仕入税額控除が認められます（消令49①⑦、消規15の４、消費税の仕入税額控除制度における適格請求書等保存方式に関するQ&A）。

【問】

　適格請求書等保存方式の下では、帳簿及び請求書等の保存が仕入税額控除の要件ですが、一定の事項を記載した帳簿のみの保存で仕入税額控除の要件を満たすのは、どのような場合ですか。

　適格請求書等保存方式の下では、帳簿及び請求書等の保存が仕入税額控除の要件とされます（消法30⑦）。ただし、請求書等の交付を受けることが困難であるなどの理由により、次の取引については、一定の事項を記載した帳簿のみの保存で仕入税額控除が認められます（消令49①、消規15の４）。

①　適格請求書の交付義務が免除される３万円未満の公共交通機関による旅客の運送

②　適格簡易請求書の記載事項（取引年月日を除きます。）が記載されている入場券等が使用の際に回収される取引（①に該当するものを除きます。）

③　古物営業を営む者の適格請求書発行事業者でない者からの古物（古物営業を営む者の棚卸資産に該当するものに限ります。）の購入

④　質屋を営む者の適格請求書発行事業者でない者からの質物（質屋を営む者の棚卸資産に該当するものに限ります。）の取得

⑤　宅地建物取引業を営む者の適格請求書発行事業者でない者からの建物（宅地建物取引業を営む者の棚卸資産に該当するものに限ります。）の購入

⑥　適格請求書発行事業者でない者からの再生資源及び再生部品（購入者の棚卸資産に該当するものに限ります。）の購入

⑦　適格請求書の交付義務が免除される3万円未満の自動販売機及び自動サービス機からの商品の購入等

⑧　適格請求書の交付義務が免除される郵便切手類のみを対価とする郵便・貨物サービス（郵便ポストに差し出されたものに限ります。）

⑨　従業員等に支給する通常必要と認められる出張旅費等（出張旅費、宿泊費、日当及び通勤手当）

出典：国税庁「消費税の仕入税額控除制度における適格請求書等保存方式に関するQ&A」

4．従業員等に支給する通勤手当

　従業員等に支給する通勤手当のうち通勤に通常必要と認められる部分の金額については課税仕入れに係る支払対価の額として取り扱われます（消基通11-6-5）。この金額については、一定の事項が記載された帳簿のみの保存により、仕入税額控除が認められます（消令49①、消規15の4、消費税の仕入税額控除制度における適格請求書等保存方式に関するQ&A）。

【問】
　社員に支給する通勤手当については、社員は適格請求書発行事業者ではないため、適格請求書の交付を受けることができませんが、仕入税額控除を行うことはできないのですか。

【答】

　従業員等で通勤する者に支給する通勤手当のうち、通勤に通常必要と認められる部分の金額については、課税仕入れに係る支払対価の額として取り扱われます（基通11－2－2）。この金額については、一定の事項を記載した帳簿のみの保存で仕入税額控除が認められます（消法30⑦、消令49①一ニ、消規15の4三、消基通11－6－5）。

　なお、帳簿のみの保存で仕入税額控除が認められる「通勤者につき通常必要と認められる部分」については、通勤に通常必要と認められるものであればよく、所得税法施行令第20条の2において規定される非課税とされる通勤手当の金額を超えているかどうかは問いません。

出典：国税庁「消費税の仕入税額控除制度における適格請求書等保存方式に関するQ&A」

5．簡易課税制度を選択している事業者の場合

　簡易課税制度を選択している場合、課税売上高から納付する消費税額を計算することから、適格請求書などの請求書等の保存は、仕入税額控除の要件とはなりません。

Q 1-15　経理処理

消費税が課税される取引の経理処理にはどのような方法がありますか。

Answer

　消費税及び地方消費税が課税される取引の経理処理には、税込経理方式と税抜経理方式があります。いずれの方法を採用するかは事業者の任意となりますが、免税事業者は税込経理方式によって経理することになります。

税込経理方式

　消費税額及び地方消費税額を売上金額、仕入金額等に含めて経理する方法です。

税抜経理方式

　消費税額及び地方消費税額を売上金額、仕入金額等に含めずに区分して経理する方法です。

　売上げに係る消費税額等は「仮受消費税等」、仕入れに係る消費税額等は「仮払消費税等」の勘定にて経理処理を行います。

例1）人間ドック料金55,000円（税込）を現金で受領した場合

〔税込経理方式の場合〕

現金	55,000円	自由診療収入	55,000円

〔税抜経理方式の場合〕

現金	55,000円	自由診療収入	50,000円
		仮受消費税等	5,000円

例2）社会保険医療（非課税）にかかる窓口負担金3,360円を現金で受領した場合

〔税込経理方式の場合〕

現金	3,360円	保険診療収入	3,360円

〔税抜経理方式の場合〕

現金	3,360円	保険診療収入	3,360円

＊ 非課税取引であり消費税額等を含んでいないため、税込経理方式の場合と同じ仕訳になります。

例3）医薬品を仕入れ、代金11,000円（税込）は翌月末払いとした場合

〔税込経理方式の場合〕

医薬品費	11,000円	買掛金	11,000円

〔税抜経理方式の場合〕

医薬品費	10,000円	買掛金	11,000円
仮払消費税等	1,000円		

Q 1−16　経理処理方式による違い

　消費税の経理処理について、税込経理方式を採用した場合と税抜経理方式を採用した場合ではどのような違いがありますか。

Answer

　税込経理方式と税抜経理方式のいずれを採用した場合も、納付する消費税額及び地方消費税額の合計額は同額になります。法人税等の所得金額等も基本的には同じになりますが、一部の事項については経理処理の方式により差異が生じます。

【経理処理の方法により差異が生じる主な事項】

〔減価償却資産の取得価額〕

経理処理	取得価額
税込経理方式	消費税等を含む（税込）
税抜経理方式	消費税等を含まない（税抜）

　税込経理方式の場合、資産の取得価額に含まれた消費税等は減価償却を通じて費用化されますが、税抜経理方式の場合には、繰延消費税額等に該当する場合を除き、その事業年度の費用とすることができます。

　また、法人税法等の規定のなかには、取得価額を基準として適用の可否が判定されるものがあり、一方の経理方式の場合には適用できるが、他方の場合には適用できないといったことが生じることがあります。

① 適用が基準額未満となっている規定例

　(1) 少額の減価償却資産の損金算入の取扱い（10万円未満）（法令133）

　(2) 一括償却資産の3年償却の取扱い（20万円未満）（法令133の2）

　(3) 少額の繰延資産の損金算入の取扱い（20万円未満）（法令134）

　(4) 中小企業者等の少額減価償却資産の損金算入の取扱い（30万円未満）（措法67の5）

事例①

　青色申告書を提出する医療法人（中小企業者等に該当）が、1台308,000円（税込）の医療用機器を購入し、事業の用に供した場合

〔税込経理方式の場合〕

　取得価額は308,000円となります。

　308,000円≧300,000円となりますので、中小企業者等の少額減価償却資産の損金算入の規定の適用はありません。したがって、通常通り、減価償却費の計算を行います。

〔税抜経理方式の場合〕

　取得価額は280,000円（＝308,000円×100／110）となります。

　280,000円＜300,000円となりますので、中小企業者等の少額減価償却資産の損金算入の規定の適用を受けることができます。

　したがって、事業の用に供した事業年度に、全額を損金算入することができます。

②　適用が基準額以上となっている規定例

　(1)　特別償却の取扱い

　　　例）医療用機器等の特別償却の取扱い（500万円以上）（措法45の2①、措令28の10①）

　(2)　特定の減価償却資産を取得した場合の特別償却又は法人税額の特別控除の取扱い

　　　例）中小企業者等が機械等を取得した場合の税額控除の取扱い（ソフトウエア70万円以上など）（措法42の6①、②、措令27の6④）

事例②

　青色申告書を提出する医療法人が1台5,280,000円（税込）の医療用機器（高度な医療の提供に資するもの等一定のもの）を購入し、事業の用に供した場合

〔税込経理方式の場合〕

　取得価額は5,280,000円となります。

　5,280,000円≧5,000,000円となりますので、医療用機器の特別償却の規定の適

用を受けることができます。したがって、普通償却額のほか、特別償却額を損金に算入することができます。

〔税抜経理方式の場合〕

　取得価額は4,800,000円（＝5,280,000円×100／110）となります。

　4,800,000円＜5,000,000円となりますので、医療用機器の特別償却の規定の適用はありません。したがって、通常通り、減価償却費の計算を行います。

Q 1−17　控除対象外消費税等

税抜経理方式を採用している場合に、課税売上高が５億円を超えるとき、又は課税売上割合が95％未満であるときは、調整を行う必要があると聞きましたが、その内容について説明してください。

Answer

　課税期間の課税売上高が５億円を超える場合、又は、課税売上割合が95％未満である場合、課税標準額に対する消費税額から控除することができる課税仕入れ等の税額は、課税売上げに対応する金額に限られます。そのため、課税仕入れ等の税額のうち、消費税額の計算上控除することができない税額が生じ、これを「控除対象外消費税等」といいます。

　税込経理方式の場合には、取引について消費税額等を含めて経理処理されているため、調整のための経理処理を行う必要はありませんが、税抜経理方式の場合には調整が必要になります。

1．税抜経理方式の場合の控除対象外消費税等の取扱い

① 　経費に係る控除対象外消費税等

（法人税）全額をその事業年度の損金の額に算入します。

　ただし、交際費等に係るものについては交際費等の額に含め、損金不算入額を計算します。

（所得税）全額をその年の必要経費に算入します。

② 　資産に係る控除対象外消費税等

　資産に係る控除対象外消費税等については、繰延消費税額等として資産計上し、５年以上の期間で損金の額（必要経費）に算入します。

　ただし、次の控除対象外消費税等については、法人の場合は一時に損金とすることができ、個人の場合には一時に必要経費とすることになります。

ア）　課税売上割合が80％以上である場合の控除対象外消費税等

イ）　20万円未満の控除対象外消費税等（個々の資産ごとに判定）

ウ）　棚卸資産に係る控除対象外消費税等

　また、資産に係る控除対象外消費税等の全額について、個々の資産の取得価額に算入する経理処理も認められています。

２．医療に係る消費税等の税制のあり方

　大規模な設備投資を多く行う病院等の場合には多額の控除対象外消費税等が生じ、消費税負担が経営に及ぼす影響が大きいと指摘されています。これを受け、平成31年度税制改正大綱にて「基本的考え方」に以下の記述がされました。

平成31年度税制改正大綱「基本的考え方」
(3)　医療に係る措置 　社会保険診療等に係る医療は消費税非課税である一方、その価格は診療報酬制度による公定価格となっている。このため、平成元年の消費税導入以来、仕入れ税額相当分を診療報酬で補てんする措置が講じられてきたが、補てんにばらつきがある等の指摘があった。今般の消費税率10％への引上げに際しては、診療報酬の配点方法を精緻化することにより、医療機関種別の補てんのばらつきが是正されることとなる。今後、所管省庁を中心に、実際の補てん状況を継続的に調査するとともに、その結果を踏まえて、必要に応じて、診療報酬の配点方法の見直しなど対応していくことが望まれる。 　なお、長時間労働の実態が指摘される医師の勤務時間短縮のため必要な器具及び備品、ソフトウェア、また地域医療提供体制の確保のため地域医療構想で合意された病床の再編等の建物及びその附属設備、さらに共同利用の推進など効率的な配置の促進に向けた高額医療機器の３点において、特別償却制度の拡充・見直しを行う。

　解決策として、「消費税率の引上げに際しては診療報酬の配転方法を精緻化することにより、医療機関種別の補填のばらつきを是正する」こととしています。

　実際に、医療機関等が仕入れにおいて負担する消費税（控除対象外消費税）に

ついては、過去消費税導入（平成元年）・引上げ（平成 9 年、平成26年、令和元年）時にそれぞれ、診療報酬へ上乗せすることで補てんがされています。

Q 1-18 基金拠出型医療法人の消費税の納税義務

持分の定めのない社団医療法人（基金制度採用：基金の額2,000万円）を設立しましたが、設立1期目の消費税の納税義務はどうなりますか。

Answer

課税事業者を選択しない限り、消費税の納税義務は免除されます。

1．納税義務の判定（原則）

法人の設立1期目については、基準期間における課税売上高がないため、原則として消費税の納税義務が免除されます。しかし、「その事業年度の基準期間がない法人のうち、その事業年度の開始の日における資本金の額又は出資の金額が1,000万円以上である法人」に該当する場合には、その課税期間の消費税の納税義務は免除されません（消法12の2①）。

2．基　　金

基金とは、社団医療法人に拠出された金銭その他の財産で、当該社団医療法人が拠出者に対して定款等で定めるところに従い返還義務を負うものと規定されています（医療法施行規則30の37）。これは、持分の定めのある社団医療法人（経過措置型医療法人）の出資（持分）とは異なるものです。

また、基金の拠出者は、基金の返還を受ける権利を有しているのみであり、株式会社の株主が通常有している権利（①剰余金の配当を受ける権利、②残余財産の分配を受ける権利、③議決権）を有しません（注）。

（注）　社団医療法人の最高意思決定機関である社員総会については、「社員は、各一個の議決権を有する（医療法46の3の3①）。」のであり、基金の拠出者が議決権を直接有するものではありません。

そのため、基金は資本又は出資の性格を有しているとはいえません。

3. 結　　論

　基金の額は、消費税法第12条の2に掲げる「資本金の額又は出資の金額」に該当しませんので、課税事業者を選択しない限り、設立1期目の消費税の納税義務は免除されます。

【参考】　平成21年4月24日大阪国税局　文書回答事例「基金拠出型の社団医療法人における基金に関する法人税及び消費税の取扱いについて」

Q 1-19　医療法人成りの場合の基金拠出・現物寄附

　個人事業者が、持分の定めのない社団医療法人（基金制度採用）を設立するにあたり、個人診療所で使用していた医療用機器を基金として拠出しました。拠出者である個人事業者の消費税の取扱いはどうなりますか。また、基金制度を採用せずに、現物寄附を行った場合の消費税の取扱いはどうなりますか。

Answer

　医療用機器の基金としての拠出は、課税資産の譲渡等に該当します。一方、現物寄附は消費税の課税対象となりません。

1.　基金としての拠出

　医療用機器の基金としての拠出は、消費税が課税される下記4要件（Q1-2参照）をすべて満たすので、消費税の課税対象となります（消法4①、2①八）。

①　国内において行う取引	資産の譲渡時にその資産が所在していた場所が国内であれば、国内取引に該当します。
②　事業者が事業として行う取引（注）	医療用機器（事業用固定資産）の売却は、事業に付随して行われる取引に該当します（注）。
③　対価を得て行う取引	医療用機器の譲渡に対して「基金の返還を受ける権利」という反対給付を受けており、対価を得て行う取引に該当します。
④　資産の譲渡、資産の貸付け、役務の提供	資産の譲渡に該当します。

（注）　事業者が事業として行う取引とは、事業者の立場で、反復、継続かつ独立して行

う資産の譲渡等をいいますが、これには事業に付随して行われる資産の譲渡等を含みます（消令2③、消基通5－1－1）。

また、非課税取引（Ｑ1－3参照）にも該当しないため、課税資産の譲渡等に該当します。

２．現 物 寄 附

医療用機器の現物寄附に対して反対給付を受けることがなく、対価を得て行う取引には該当しないため、消費税の課税対象となりません。

Q 1-20 相続があった場合の消費税の納税義務

　診療所を営んでいた父が死亡し、私が相続により診療所の事業を承継しました。相続があった年の私の消費税の納税義務はどうなりますか。なお、私は父の事業を承継するまで、個人事業を営んだことはありません。

Answer

　基準期間における被相続人（父）の課税売上高が1,000万円以下である場合は、納税義務は免除されますが、1,000万円を超える場合には、相続のあった日の翌日からその年12月31日までの間の課税資産の譲渡等については、納税義務は免除されません。

1．相続があった場合の納税義務の免除の特例
　①　その年において相続があった場合（消法10①）
　　　その年の基準期間における課税売上高が1,000万円以下である相続人（課税事業者を選択する等により納税義務が免除されない相続人を除く。以下同じ。）が、その基準期間における課税売上高が1,000万円を超える被相続人の事業を承継したときは、相続のあった日の翌日からその年12月31日までの間の課税資産の譲渡等については、納税義務は免除されません。
　②　その年の前年又は前々年において相続があった場合（消法10②）
　　　その年の基準期間における相続人の課税売上高と被相続人の課税売上高との合計額が1,000万円を超えるときは、相続人の納税義務は免除されません。

60

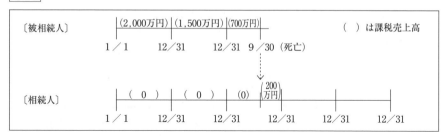

(1) 相続があった年の納税義務

① （相続人）基準期間における課税売上高

0 ≦1,000万円

② （被相続人）基準期間における課税売上高

2,000万円＞1,000万円

③ 判定

②により、10月1日から12月31日まで納税義務あり

（1月1日から9月30日までは納税義務なし）

(2) 相続があった年の翌年の納税義務

① （相続人）基準期間における課税売上高

0 ≦1,000万円

② （被相続人・相続人合計）基準期間における課税売上高

1,500万円＋0円＞1,000万円

③ 判定

②により、納税義務あり

(3) 相続があった年の翌々年の納税義務

① （相続人）基準期間における課税売上高

200万円≦1,000万円

② （被相続人・相続人合計）基準期間における課税売上高

700万円＋200万円≦1,000万円

③ 判定

納税義務なし

第**2**章
医療の消費税

（収入の部）

Q 2-1 医療の非課税収入

医療機関の医業収益のうち社会保険診療に係るものは消費税が非課税と聞きましたが、具体的にどのようなものが非課税となりますか。

Answer

　消費税の非課税取引に該当するものは、消費税法別表第二において、その具体的な内容が限定列挙されています。（次ページ図参照）

　医療機関の医業収益のうち、一定のものについては、社会政策的な配慮のもと、消費税を課さないこととされています。これについて消費税法別表第二第6号において、消費税が非課税とされる「療養若しくは医療又はこれらに類するものとしての資産の譲渡等」の具体的な内容が記載されております。ただし、これらのうち「特別の病室の提供その他の財務大臣の定めるものにあっては、財務大臣の定める金額に相当する部分」に限って非課税とされております。（消法6①、別表第二第6号）

　また、医師、助産師その他医療に関する施設の開設者による助産に係る資産の譲渡等や、身体障害者の使用に供するための特殊な性状、構造又は機能を有する物品として政令で定めるもの（「身体障害者用物品」）の譲渡、貸付けその他の政令で定める資産の譲渡等についても消費税が課税されないこととなっています（消法別表第二第8号、第10号）。

消費税法別表第二に規定する非課税取引の概要図

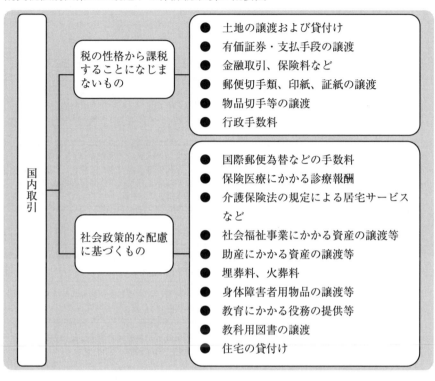

別表第二第6号「保険医療にかかる診療報酬」

次に掲げる療養若しくは医療又はこれらに類するものとしての資産の譲渡等（これらのうち特別の病室の提供その他の財務大臣の定めるものにあつては、財務大臣の定める金額に相当する部分に限る。）

イ	健康保険法、国民健康保険法、船員保険法、国家公務員共済組合法、地方公務員等共済組合法又は私立学校教職員共済法	療養の給付及び入院時食事療養費、入院時生活療養費、保険外併用療養費、療養費、家族療養費又は特別療養費の支給に係る療養並びに訪問看護療養費又は家族訪問看護療養費の支給に係る指定訪問看護
ロ	高齢者の医療の確保に関する法律	療養の給付及び入院時食事療養費、入院時生活療養費、保険外併用療養費、療養費又は特別療養費の支給に係る療養並びに訪問看護療養費の支給に係る指定訪問看護
ハ	精神保健及び精神障害者福祉に関する法律	医療
	生活保護法	医療扶助のための医療の給付及び医療扶助のための金銭給付に係る医療
	原子爆弾被爆者に対する援護に関する法律	医療の給付及び医療費又は一般疾病医療費の支給に係る医療
	障害者の日常生活及び社会生活を総合的に支援するための法律	自立支援医療費、療養介護医療費又は基準該当療養介護医療費の支給に係る医療
ニ	公害健康被害の補償等に関する法律	療養の給付及び療養費の支給に係る療養
ホ	労働者災害補償保険法	療養の給付及び療養の費用の支給に係る療養並びに同法の規定による社会復帰促進等事業として行われる医療の措置及び医療に要する費用の支給に係る医療
ヘ	自動車損害賠償保障法	損害賠償額の支払を受けるべき被害者に対する当該支払に係る療養

イからヘまでに掲げる療養又は医療に類するものとして政令で定めるもの　（Q2-2 参照）

別表第二第8号「助産にかかる資産の譲渡等」

◆ 助産にかかる資産の譲渡等

医師、助産師その他医療に関する施設の開設者による助産に係る資産の譲渡等（第6号並びに第7号イ及びロの規定に該当するものを除く）。

◆ 非課税範囲（消基通6-8-1）

助産に係る資産の譲渡等とは次のものが該当する。

① 妊娠しているか否かの検査
② 妊娠していることが判明した時以降の検診、入院
③ 分娩の介助
④ 出産の日以後2カ月以内に行われる母体の回復検診
⑤ 新生児に係る検診及び入院

◆ 妊娠中及び出産後の入院の取扱い（消基通6-8-2、6-8-3）

妊娠中／出産後の入院について非課税の範囲は次の通り。

項目	内容
妊娠中の入院	産婦人科医が必要と認めた入院（妊娠中毒症、切迫流産等)／他の疾病（骨折等）による入院のうち産婦人科医が共同して管理する間の入院／差額ベッド料、特別給食費、大学病院等の初診料（異常分娩に伴う入院を含む）
出産後の入院	産婦人科医が必要と認めた入院／他の疾病による入院のうち産婦人科医が共同して管理する間の入院（出産の日から1月を限度とする)／差額ベッド料、特別給食費、大学病院等の初診料（異常分娩に伴う入院を含む）
新生児の入院	出産後の入院の取扱いに準ずる

◆ 死産・流産・人工妊娠中絶

死産・流産	健康保険適用	非課税
	自由診療	
人工妊娠中絶	健康保険適用	課税
	自由診療	

Q 2-2 療養又は医療に類するもの

Q2−1の別表第二第6号「保険診療にかかる診療報酬」一覧に「イからへまでに掲げる療養又は医療に類するものとして政令で定めるもの」とありましたが、具体的にどのようなものがありますか。

Answer

これらは消費税法施行令第14条に24項目が定められています。ここでは特に実務上で発生頻度の高いものを抜粋して紹介します。他のものについては本ページに記載のものと合わせて、実際の政令にてお確かめください。

1	予防接種法又は新型インフルエンザ予防接種による健康被害の救済に関する特別措置法の規定に基づく医療費の支給に係る医療
2	麻薬及び向精神薬取締法又は感染症の予防及び感染症の患者に対する医療に関する法律の規定に基づく医療
3	難病の患者に対する医療等に関する法律の規定に基づく特定医療保の支給に係る医療
4	学校保健安全法第24条（地方公共団体の援助）の規定に基づく医療に要する費用の援助に係る医療
5	児童福祉法の規定に基づく小児慢性特定疾病医療費の支給に係る医療、療育の給付に係る医療並びに肢体不自由児通所医療費及び障害児入所医療費の支給に係る医療並びに同法第22条第1項（助産の実施）の規定による助産の実施、同法第27条第1項第3号（都道府県のとるべき措置）に規定する措置、同条第2項に規定する指定発達支援医療機関への委託措置又は同法第33条（児童の一時保護）に規定する一時保護に係る医療

6	身体障害者福祉法第18条第2項（障害福祉サービス、障害者支援施設等への入所等の措置）に規定する厚生労働省令で定める施設への入所又は同項に規定する指定医療機関への入院に係る医療
7	母子保健法の規定に基づく養育医療の給付又は養育医療に要する費用の支給に係る医療
8	公立学校の学校医、学校歯科医及び学校薬剤師の公務災害補償に関する法律の規定に基づく療養補償に係る療養
9	国家公務員災害補償法（特別職の職員の給与に関する法律第15条（災害補償）若しくは裁判官の災害補償に関する法律においてその例によるものとされる場合又は防衛省の職員の給与等に関する法律第27条第1項（国家公務員災害補償法の準用）若しくは裁判所職員臨時措置法において準用する場合を含む。）の規定に基づく療養補償に係る療養の給付又は療養の費用の支給に係る療養及び国家公務員災害補償法の規定に基づき福祉事業として行われる医療の措置又は医療に要する費用の支給に係る医療
10	地方公務員災害補償法の規定に基づく療養補償に係る療養の給付又は療養の費用の支給に係る療養及び同法の規定に基づき福祉事業として行われる医療の措置又は医療に要する費用の支給に係る医療並びに同法第69条（非常勤の地方公務員に係る補償の制度）の規定に基づき定められた補償の制度に基づく療養及び医療
11	前号に掲げるもののほか、国に又は地方公共団体の施策に基づきその要する費用の全部又は一部が国又は地方公共団体により負担される医療及び療養

（消令14）

Q 2-3　保険外併用療養費制度

　保険外併用療養費制度について、消費税の取扱いはどのようになりますか。

Answer

1．保険外併用療養費制度

　混合診療が禁止されているため、健康保険制度では保険が適用されない保険外診療を受けると、保険が適用される診療も含めて医療費の全額が自己負担（自費扱い）となります。

　ただし、保険外診療を受ける場合でも、厚生労働大臣の定める「評価療養」「患者申出療養」と「選定療養」については、例外的に保険診療との併用が認められており、通常の治療と共通する部分（診察・検査・投薬・入院料等）の費用は、一般の保険診療と同様に扱われ、その部分については一部負担金（基礎的医療の患者負担）を支払うこととなり、残りの額は「保険外併用療養費」として健康保険から給付（基礎的医療の保険給付）が行われます。評価療養、患者申出療養と選定療養部分は、「特別の料金」（保険外の患者負担）を患者が自己負担することになります。

　この保険外併用療養費制度は、従来の特定療養費制度が平成18年10月に見直され、平成28年に新たに患者申出療養が追加されました。

2．評価療養、患者申出療養及び選定療養

(1)　評価療養

①　先進医療

②　医薬品、医療機器、再生医療等製品の治験に係る診療

③　医薬品医療機器法承認後で保険収載前の医薬品、医療機器、再生医療等製品の使用

④　薬価基準収載医薬品の適応外使用

　　（用法・用量・効能・効果の一部変更の承認申請がなされたもの）

⑤　保険適用医療機器、再生医療等製品の適応外使用

　　（使用目的・効能・効果等の一部変更の承認申請がなされたもの）

(2)　選定療養

①　特別の療養環境（差額ベッド）

②　歯科の金合金等

③　金属床総義歯

④　予約診療

⑤　時間外診療

⑥　大病院の初診

⑦　大病院の再診

⑧　小児う蝕の指導管理

⑨　180日以上の入院

⑩　制限回数を超える医療行為

⑪　水晶体再建に使用する多焦点眼内レンズ

(3)　患者申出療養

　未承認薬等を迅速に保険外併用療養として使用したいという困難な病気に罹患した患者からの申出を起点とする仕組みとして平成28年4月からはじまりました。将来的に保険適用につなげるためのデータ、科学的根拠を集積することが目的となっています。本制度は、国において安全性・有効性等を確認すること、保険収載に向けた実施計画の作成を臨床研究中核病院に求め、国において確認すること、及び実施状況等の報告を臨床研究中核病院に求めることとした上で、保険外併用療養費制度の中に位置付けるものです。患者申出療養として実施されることが想定される医療の類型と、それに応じた対応は、以下のとおりです。

①　既に実施されている先進医療の実施計画対象外の患者に対する医療

　　前例のない患者申出療養として、新たに実施計画の作成（先進医療の実施計画を変更する場合を含む。）を求め、国で審査（※）を行う。（※先進医療としての実施医療機関追加や実施計画変更につながる場合もありうる。）

② 先進医療としても患者申出療養としても実施されていない医療

　前例のない患者申出療養として、新たに実施計画の作成を求め、国で審査を行う。

③ 現在行われている治験の対象とならない患者に対する治験薬等の使用

　イ）人道的見地からの治験の実施につなげることを検討する。

　ロ）前例のない患者申出療養として、新たに実施計画の作成を求め、国で審査を行う。

　患者申出療養として定められた医療について、実施計画の対象外の患者から相談があった場合は、①既存の実施計画を変更することによって対応を求める場合と②新たな実施計画を作成することによって対応を求める場合があると考えられます。

　例外的に臨床研究の形式で実施することが難しい場合にも、実施計画の作成を求めることとしています。（※実施計画の内容は、臨床研究として実施される場合と臨床研究の形式で実施することが難しい場合とで異なることとなります。）

　費用については、未承認薬等（保険診療の対象外）の金額など、「患者申出療養に係る費用」は全額自己負担になります。「患者申出療養に係る費用」以外の、一般の診療と共通する部分（診察・検査・投薬・入院料等）については保険が適用されます。

３．保険外併用療養費制度と消費税

　保険外併用療養費制度における基礎的医療部分（保険から支給される保険外併用療養費と患者の一部負担部分）は、消費税は非課税とされます。これに対し、選定療養の「特別の料金」（保険外）部分は、消費税の課税対象とされます（消基通6-6-3）。

（図）選定療養

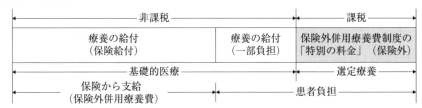

（図）評価療養・患者申出療養

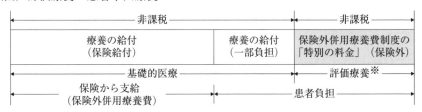

※治験

　評価療養に該当する場合であっても、被保険者以外の治験スポンサー等から徴収する特別の料金については、課税となります（平成19年2月23日厚生労働省保険局医療課事務連絡）。

＜保険外併用療養費の支給に係る療養＞

・治験スポンサー等被保険者以外の負担額…課税

　〔（検査、画像診断、投薬、注射）＋治験薬の費用〕

＜保険外併用療養費の支給に係る療養以外＞

・治験スポンサー等被保険者以外の負担額…課税

　〔治験に係るデータを管理するための費用（治験コーディネーターなどの医療機関が雇用するための人件費）など〕

保険外併用療養費制度について

平成 18 年の法改正により創設
（特定療養費制度から範囲拡大）

○　保険診療との併用が認められている療養

①　評価療養　　　　　　　　　　　　　　　　　保険導入のための評価を行うもの
②　患者申出療養

③　選定療養　——→　保険導入を前提としないもの

保険外併用療養費の仕組み
［評価療養の場合］

基礎的部分	上乗せ部分
（入院基本料など保険適用部分）	（保険適用外部分）

↑
保険外併用療養費として
医療保険で給付

↑
患者から料金徴収可
（自由料金）

※　保険外併用療養費においては、患者から
　料金徴収する際の要件（料金の掲示等）を
　明確に定めている。

○　評価療養
・先進医療
・医薬品、医療機器、再生医療等製品の治験に係る
　診療
・薬事法承認後で保険収載前の医薬品、医療機器、
　再生医療等製品の使用
・薬価基準収載医薬品の適応外使用
　（用法・用量・効能・効果の一部変更の承認申請がなされたもの）
・保険適用医療機器、再生医療等製品の適応外使用
　（使用目的・効能・効果等の一部変更の承認申請がなされたもの）

○　患者申出療養

○　選定療養
・特別の療養環境（差額ベッド）
・歯科の金合金等
・金属床総義歯
・予約診療
・時間外診療
・大病院の初診
・大病院の再診
・小児う蝕の指導管理
・180 日以上の入院
・制限回数を超える医療行為
・水晶体再建に使用する多焦点眼内レンズ

出典　厚生労働省「先進医療について（HP 掲載用資料）」

Q 2-4　差額ベッド代

差額ベッド代には消費税が課税されると聞きましたが、詳細を教えてください。

Answer

1．保険外併用療養費制度における差額ベッド代

保険外併用療養費制度（詳細はＱ2-3）で、選定療養に該当する「特別の療養環境の提供（いわゆる差額ベッドでの入院）」による「特別の料金（保険外）」（室料差額収益）は、消費税の課税対象となります。

したがって、通常、差額ベッド代は消費税の課税対象となります。

（図）保険外併用療養費制度における差額ベッド代

2．産婦人科の差額ベッド代

妊娠中及び出産後の入院について産婦人科が受け取る差額ベッド代で「助産に係る資産の譲渡等」に該当するものは、消費税は非課税となります（詳細はＱ2-30）。

Q2-5 特別給食費

　入院時食事療養費を超えて、患者が自己の選択により特別給食費の負担をした場合、受け取った医療機関の消費税の取扱いはどうなりますか。

Answer

　患者が自己の選択により負担した特別給食費については消費税の課税対象となります。

1．入院時食事療養費制度

　患者の入院期間中の食事の費用は、健康保険から支給される「入院時食事療養費」と入院患者が支払う「標準負担額」で賄われます。これらの消費税は非課税となります。

　これに対し、患者は、自己の選択によりこれら保険算定額を超える給食契約を医療機関と締結することができます。この超える部分（特別給食費）は消費税は課税となります。なお、病室等で役務を伴う飲食料品の提供を行うものであり、「飲食料品の譲渡」に該当せず、軽減税率の適用対象とはなりません（消法2①九の二、別表第一）。

　ただし、産婦人科における妊娠中又は出産後の入院時の特別給食費は、「助産に係る資産の譲渡等」に該当すれば非課税となります。

2．入院時生活療養費制度

　介護保険との均衡の観点から、医療療養病床に入院する65歳以上の者の生活療養（食事療養並びに温度、照明及び給水に関する適切な療養環境の形成である療養をいう。）に要した費用について、保険給付として「入院時生活療養費」が支給されます。入院時生活療養費の額は、生活療養に要する平均的な費用を勘案して算定した額から、平均的な家計における食費や水道光熱費の状況等を勘案して厚生労働大臣が定める生活療養標準負担額を控除した額となっています。これら

の消費税は非課税となります。

　これに対し、患者は、自己の選択によりこれら保険算定額を超える生活療養に係る契約を締結することができます。この超える部分（特別給食費）は消費税は課税となります。

Q 2−6 病院の食事の時に出る薬価のない流動食

　病院で食事の時に出る薬価のない流動食の消費税の取扱いはどうなりますか（軽減税率の対象になりますか。）。

Answer▪

　病院で食事の時に出る薬価のない流動食は入院時食事療養費制度（医療療養病床に入院する65歳以上の者の生活療養の場合は「入院時生活療養費制度」）に含まれます（※各制度の詳細はＱ２−５参照）。これは健康保険から支給される「入院時食事療養費（入院時生活療養費）」と入院患者が支払う「標準負担額（生活療養標準負担額）」で賄われ、これらの消費税は非課税となります。したがって軽減税率の対象にもなりません。

Q 2-7 　被保険者証を持参しなかった場合の療養費

患者が被保険者証を持参しなかった場合の消費税の取扱いはどのようになりますか。

Answer

　旅行先等で急病やけがのため、被保険者証を持たずにやむを得ず病院等で診療を受け、被保険者証を提示できなかった場合、一般的に自由診療扱いとされ、療養費を全額自己負担することになります。この場合の療養費は消費税の課税対象となります。

　なお、単に被保険者証を忘れたことにより、いったん療養費の全額を患者から徴収し、その後、被保険者証の提示がされた場合には、自由診療扱いとされた療養費と消費税を返還し、再度保険診療として取り扱うことになります。

Q 2-8 資格証明書による受診

　国民健康保険料（税）の滞納者は「資格証明書」による受診をしますが、窓口では全額を負担します。この場合の消費税の取扱いはどうなりますか。

Answer

　国民健康保険料（税）を1年以上滞納している場合、市町村は滞納者に対して「国民健康保険被保険者証」の返還をさせ、代わりに「国民健康保険被保険者資格証明証」（以下、「資格証明書」といいます。）を発行します。この「資格証明書」は国保の被保険者であることを証明するために発行されるもので、医療機関での保険給付を受けるための受診券ではありません。

　実際に医療を受ける際には、この「資格証明書」を医療機関に提示しますが、保険給付を受けられないため、かかった医療費はいったん全額自己負担となり、後で国保の窓口で一部負担金を除いた額の支給申請をする手続きが必要となります。このとき受給する給付のことを「特別療養費」といい、消費税法では特別療養費の支給に係る療養を非課税として規定しています。したがって、医療機関が窓口で受け取る負担金は全額が非課税となります（消法別表第二第6号イ、ロ）。

　なお、マイナンバーカードと健康保険証の一体化により、「資格証明書」の交付に代えて、特別療養費の支給に変更する旨の事前通知を行うことが予定されております。（令和6年秋を予定）

Q 2-9　社会保険診療報酬の審査差額

社会保険診療報酬の審査差額（保険等査定減）が生じた場合、消費税の計算に影響しますか。

Answer

社会保険診療報酬のうち請求分は、診療を行った月の報酬を翌月に請求（レセプト請求）し、審査機関による審査を受けた後、翌々月に国民健康保険団体連合会や社会保険診療報酬支払基金などから医療機関の預金口座に振り込まれます。その際、審査機関により査定減とされ「保険等査定減」が生じることがあります。しかし、社会保険診療報酬等は消費税は非課税とされているため、これにより消費税の計算に影響が生じることはありません。

Q 2-10　窓口負担金の過払い分

　社会保険診療報酬の審査において減額がされた場合、患者から徴収した窓口負担金の過払い分を返還しなければなりません。しかし、現実には、すべての返還がされず医療機関の収益になる場合もあります。この窓口負担金の過払い分は、消費税ではどのように取り扱われますか。

Answer

　社会保険診療報酬は、審査機関での査定の結果減点されたり、また、請求の誤りにより減点される場合があります。この場合、診療時に患者が負担した窓口負担金の一部が過払いとなってしまいます。この過払い分は、本来、患者に返還することとされています。また、過払い分が1万円以上の場合、社会保険診療報酬支払基金は、過払い額を患者に通知し、医療機関では過払い分を患者に返還します。しかし、現実には通知がもれる例もあり、返還されないこともあります。このような場合の患者窓口負担金の過払い分は、社会保険診療に伴う窓口負担金ではないため、消費税は課税となります。

Q 2-11 高齢者医療確保法の一部負担金

高齢者医療確保法の一部負担金の消費税の取扱いはどうなりますか。

Answer

　高齢者医療確保法における療養の給付には、診察、薬剤又は治療材料の支給、処置、手術その他の治療、居宅における療養上の管理及びその療養に伴う世話その他の看護、病院又は診療所への入院及びその療養に伴う世話その他の看護があります。これら給付を受ける者は、保険医療機関等に次の区分による一部負担金の負担をします。

	区分	一部負担
①	現役並み所得者	3割
②	一定以上所得者	2割
③	①及び②以外の被保険者	1割

　これらは、消費税法上、高齢者医療確保法の規定に基づく療養の給付に係る報酬の一部（患者負担部分）であり、保険者から負担される7割から9割部分とともに非課税となります。

　なお、保険外併用療養費制度（詳細はQ2-3）に基づく特別の療養環境（特別の病室）の提供における保険算定額を超える金額に係る部分（いわゆる差額ベッド代）や特別の給食費については消費税は課税となります（消法別表第二第6号ロ）。

Q 2-12 高齢者医療確保法の健康相談等

　高齢者医療確保法の健康教育、健康相談、健康診査その他の被保険者の健康の保持増進のために必要な事業に係る報酬の消費税の取扱いはどうなりますか。

Answer

　消費税法では、高齢者医療確保法の規定に基づく「療養の給付及び入院時食事療養費、入院時生活療養費、保険外併用療養費、療養費又は特別療養費の支給に係る療養並びに訪問看護療養費の支給に係る指定訪問看護」に係る報酬を非課税と定めています。したがって、これらは消費税の取扱い上、非課税となります。

　また、高齢者医療確保法では、この他に保健事業として、「後期高齢者医療広域連合は、健康教育、健康相談、健康診査その他の被保険者の健康の保持増進のために必要な事業を行うように努めなければならない。」と定めており、健康教育、健康相談、健康診査その他の被保険者の健康の保持増進のために必要な事業を行っています。消費税法上では、これらに係る報酬について非課税とは規定していません。したがって、これらの報酬は消費税の課税対象とされます。

　なお、Q2-16（特定健診・特定保健指導）でも解説していますが、特定健診・特定保健指導は医療に当たりませんので課税対象となります（消法別表第二第6号ロ、高齢者医療確保法125）。

Q 2-13　自動車事故の療養

　交通事故による被害者の療養の給付に係る消費税の取扱いはどうなりますか。

Answer

　交通事故の被害者の療養の給付は、相手方の自動車損害賠償責任保険（以下、「自賠責保険」といいます。）により支給されます。自賠責保険は自動車損害賠償保障法に基づき、自動車や原動機付自転車を使用する際に加入が義務付けられているものであり、交通事故による療養の給付に係る報酬については、まず、自賠責保険から支給されますが、これで補えない場合は任意加入の自動車保険などから支給されます。

　消費税法では、自動車損害賠償保障法の規定による損害賠償額の支払を受けるべき被害者に対する当該支払に係る療養は非課税とされており、通常の保険診療等では課税対象とされる松葉杖の賃貸料、衛生材料、おむつ代、付添寝具料、付添賄料等も含めて非課税とされます。

　また、自動車損害賠償保障法では、「自己のために自動車を運行の用に供する者は、その運行によって他人の生命又は身体を害したときは、これによって生じた損害を賠償する責に任ずる。」としており、加害者が負担すべき療養に係る費用については、自賠責保険から支給される療養の給付に係る報酬はもちろんのこと、たとえ法令に反して自賠責保険の期限切れの車両の使用による事故で、加害者が全額を負担する場合であっても、消費税は非課税とされます。

　さらに、自動車損害賠償保障法では、その自動車の保有者が明らかでないため被害者が損害賠償の請求をすることができないときにも、被害者の請求により、その受けた損害をてん補することとされており、これらについても同様に非課税となります。

　ただし、自動車事故であっても、次のような療養等は消費税が課税とされます。

(1)	療養を受ける者の希望によって特別の病室の提供を行った場合、患者が支払う差額部分（いわゆる差額ベッド代）
(2)	他人から損害賠償額の支払を受ける立場にない、自らの運転による自動車事故の受傷者に対する自由診療として行われる療養（その事故の同乗者で、運転者などから損害賠償額の支払を受けるべき立場にある者に対する療養は非課税とされます。）
(3)	診断書及び医師の意見書等の作成料

（消法別表第二第6号へ）

Q 2-14　予防接種の委託料

> 市町村からの予防接種の委託料に係る消費税の取扱いを教えてください。

Answer

市町村からの予防接種の委託料については課税となります。

1．予防接種法の概要

　昭和23年、予防接種法は伝染のおそれのある疾病の発生や蔓延を予防するために制定されました。予防接種には予防接種法によるものとそれ以外のものがあります。対象疾病は、ジフテリア、百日せき、急性灰白髄炎（ポリオ）、麻しん（はしか）、風しん、日本脳炎、破傷風、結核、Hib 感染症、肺炎球菌感染症（小児がかかるものに限る）、ヒトパピローマウイルス感染症（子宮頸がん予防）、水痘※、B型肝炎※、痘そう（天然痘）※、ロタウイルス感染症※のA型疾病と、インフルエンザ、高齢者の肺炎球菌感染症※のB型疾病があります。（※は政令事項。）予防接種法による予防接種の実施主体は市町村であり、医師は市町村から委託を受けて、国の機関委任事務として予防接種を行います。

　これら予防接種法による予防注射には、これによる健康被害の救済措置が設けられており、予防接種を受けた者が、疾病にかかり、障害の状態となり、又は死亡した場合において、当該疾病、障害又は死亡が当該予防接種を受けたことによるものであると厚生労働大臣が認定したときは、医療費及び医療手当、障害児養育年金、障害年金、死亡一時金、遺族年金・一時金、葬祭料等の給付を行うこととなっています。（予防接種法2②、予防接種法施行令1、2）

2．消費税の取扱い

　市町村から委任を受けた予防接種の委託料は、消費税の課税対象とされます。

　ただし、予防接種の場合でも、市町村との雇用契約やこれに準ずる契約により受け取る報酬、市町村が医師会に委託して医師会から支払われる報酬で、医師個人の給与所得となるものは消費税の課税対象外取引となります（消法2①十二）。

　また、予防接種法によらない任意の接種は消費税の課税対象となります。

　なお、予防接種法又は新型インフルエンザ予防接種による健康被害の救済に関する特別措置法の規定に基づく医療費の給付に係る医療は、消費税法施行令に定めるところの非課税取引となります（消令14三、予防接種法15、新型インフルエンザ予防接種による健康被害の救済に関する特別措置法3）。

Q 2-15　予防接種の窓口負担金

予防接種の窓口負担金の消費税の取扱いはどのようになりますか。

Answer

インフルエンザなどの予防接種の窓口負担金については、消費税は課税となります。

しかし、予防接種のうち一定のものが保険給付の対象とされており、この場合の窓口負担金は、消費税は非課税となります。

予防医療で保険給付の対象となる場合は以下の通りです。

(1)　麻しん又は百日せき予防

麻しん又は百日せき患者に接触した場合にガンマーグロブリン注射が認められます（昭40.8.6保医発96号通知）。

(2)　破傷風血清

破傷風感染の危険性がある場合に発病前に破傷風トキソイド（TT）及び抗毒素血清（TIG）の注射は認められます。

(3)　B型肝炎母子感染防止

HBs抗原陽性妊婦から生まれた乳児に対する抗HBs人免疫グロブリン注射、沈降B型肝炎ワクチン注射、HBs抗原抗体検査及びHBs抗原陽性妊婦に対するHBe抗原検査は認められます。

(4)　手術時の感染予防

感染の恐れのある場合、抗生物質など感染予防は認められます。

(5)　輸血後の血清肝炎予防

輸血後10日以内に次に掲げる量以上の輸血を必要とした場合に、ガンマーグロブリンを予防的に使用することは認められます。総量として成人1,000ml、15歳未満600ml、6歳未満400ml、1歳未満200mlとなっています。

Q 2-16 特定健診・特定保健指導

特定健診・特定保健指導に係る医業収益の消費税の取扱いについて教えてください。

Answer

特定健診・特定保健指導に係る医業収益は消費税の課税対象となります。

1. 特定健診・特定保健指導の概要

糖尿病、高血圧症、脂質異常症などの生活習慣病が増加し、食生活の見直し、適度な運動などによる予防のため、平成18年の医療制度改革において、平成20年4月から、健康保険組合、国民健康保険などに対し、40歳以上の加入者を対象としたメタボリックシンドローム（内臓脂肪症候群）に着目した健康診査（特定健康診査）及び保健指導（特定保健指導）の実施が義務付けられました。この特定健康診査の根拠法は、高齢者医療確保法です。

2. 特定健診・特定保健指導の消費税の取扱い

消費税法では、「高齢者医療確保法の規定に基づく療養の給付及び入院時食事療養費、入院時生活療養費、保険外併用療養費、療養費又は特別療養費の支給に係る療養並びに訪問看護療養費の支給に係る指定訪問看護」の消費税は非課税とされています（消法別表第二第6号ロ）。

高齢者医療確保法を根拠とした特定健診・特定保健指導はこの消費税が非課税となるものの中には含まれていません。したがって、特定健診・特定保健指導に係る医業収益は消費税の課税対象となります。

【参考】

所得税の取扱いに関して、平成20年5月1日に国税庁より、厚生労働省からの「特定

健康診査及び特定保健指導に係る自己負担額の医療費控除の取扱いについて」の照会に
対する文書回答が出され、「特定健康診査のための費用（自己負担額）は医療費に該当
しないが、その特定健康診査の結果につき一定の診断がされ、かつ、引き続き特定健康
診査を行った医師の指示に基づき特定保健指導が行われた場合には、当該特定健康診査
のための費用（自己負担額）は医療費控除の対象となる医療費に該当する。」とされて
います。

Q 2-17 健康診断・人間ドック・PET 検査等

健康診断や人間ドック、ＰＥＴ検査等による医業収益には消費税が課税されますか。

Answer

各種の健康診断やいわゆる人間ドックは社会保険診療の対象とはなりません。したがって、健康診断や人間ドックの医業収益には消費税が課税されます。

1. 健康診断・人間ドック・PET 検査等の概要

健康診断には、法令により実施が義務付けられて学校や職場、地方公共団体で行われるものと、受診者の意思で任意に行われるものがあります。受診者の意思で行われるものは診断書の発行を目的としたものが多いようですが、人間ドックやPET 検査等のように身体各部位の精密検査を受けて、気づきにくい疾患や臓器の異常などをチェックするものも普及しています。

2. 消費税の取扱い

健康診断のうち、受診者の任意で行われるものは、消費税は課税となります。また、法令により実施が義務付けられ受託事業として公費負担されるものについても、原則として消費税は課税となります。市町村が実施主体となる乳幼児健診等や人間ドックなどの精密検査も消費税の課税対象となります。

なお、健康診断等の結果、異状が認められ受診する検査に関しては健康保険適用とされるため、消費税は非課税となります。

また、PET/CT 検査についても原則として消費税は課税となります。しかし、下記のような病気で、この検査が必要とされる条件を満たす場合には、健康保険が適用されるため、消費税は非課税となります。

■ FDG-PET/CT 検査の保険適用

(1)　てんかん：外科治療のための病巣診断

(2)　虚血性心疾患における心不全：バイパス手術検討のための心筋バイアビリティ診断

(3)　心サルコイドーシスの診断

(4)　早期胃がんを除く、すべての悪性腫瘍、悪性リンパ腫：他の画像診断により病気診断、転移、再発診断ができない時

(5)　大型血管炎

Q 2-18 　診断書他文書料

　診断書他文書料の収益には消費税は課税されますか。また、産婦人科の診療所において、「予定日証明書」発行料収益に消費税は課税されますか。

Answer

　診断書他文書料とは、病院等の医療機関において発行される各種文書をいいます。

　通常発行される診断書（死亡診断書・公害認定申請診断書等）の発行料収益は消費税の課税対象です。

　また、産婦人科の診療所において、「予定日証明書」を発行した場合、その発行料収益は消費税が課税となります。予定日証明書を作成するために本来は必要なかった検査をした場合にも、健康保険法等に基づく療養の給付等とはならず、消費税が課税されます。

　なお、次の診断書他文書料は非課税となります。

・結核予防法による診断書料・協力料等保険請求できるもの

・労災保険の文書料

・傷病手当金意見書交付料

Q 2-19 主治医意見書作成費用

市町村から支払われる主治医意見書作成費用は、消費税の課税の対象
になりますか。

Answer

主治医意見書作成費用は、消費税の課税対象になります。

　介護保険法では、被保険者から要介護認定の申請を受けた市町村は、当該被保険者の「身体上又は精神上の障害の原因である疾病又は負傷の状況等」について、申請者に主治医がいる場合には、主治医から意見を求めることとされています。主治医意見書は、この規定に基づき、申請者に主治医がいる場合に主治医がその意見を記入するものであり、その様式等については全国で一律のものを使用しています。

　この主治医意見書は、消費税法別表第二第7号イに掲げる介護保険法の規定に基づく介護サービス及び他の号の資産の譲渡等のいずれにも該当しないことから、消費税の課税の対象となります。

　また市町村からの委託により行う、要介護認定の更新申請及び区分変更申請の認定調査について収受する「要介護認定調査委託料」についても同様に、消費税の課税の対象となります。

Q 2-20 歯 科 治 療

歯科治療に係る医業収益に対する消費税の取扱いについて教えてください。

Answer

1．社会保険診療に該当する歯科治療

歯科治療に係る医業収益のうち、社会保険診療（療養の給付で、被保険者の一部負担金を含みます。）に該当するものは、消費税は非課税とされます。

2．自由診療となる歯科治療

自由診療となる歯科治療に係る医業収益は、消費税が課税とされます。代表例としては、歯列の矯正治療、インプラント、審美治療などがあげられます。

なお、自賠責保険や労災保険の対象とされる歯科治療に係る医業収益は、消費税が非課税とされます。

3．保険外併用療養

歯科治療に係る医業収益のうち、保険外併用療養には留意が必要です。保険外併用療養費制度に係る医業収益のうち厚生労働大臣の定める選定療養の範囲内のものは非課税となります（平成18年9月12日厚労省告示495号）。

具体的には次のようなものが規定されています。

(1) 前歯部の金属歯冠修復に使用する金合金又は白金加金の支給

(2) 金属床による総義歯の提供

(3) 齲蝕（うしょく）に罹患している患者（齲蝕多発傾向を有しないものに限ります。）であって継続的な指導管理を要するものに対する指導管理

例えば、金属歯冠修復について、金合金や白金加金の使用は健康保険等で認められていませんが、前歯部（上下各6本）に限って、保険給付される歯科材料

（金銀パラジウム合金）との差額は患者の自己負担となり、あとは健康保険適用となります。消費税が非課税となるのは健康保険適用部分であり、健康保険適用のない自費部分については消費税が課税されます。

(1) 前歯の金合金又は白金加金の支給における保険算定額を超える金額に係る部分（歯科差額部分）

(2) 金属床による総義歯の提供における保険算定額を超える金額に係る部分（金属床総義歯の特定療養費）

(3) 齲蝕（うしょく）に罹患している患者の指導管理における保険算定額を超える金額に係る部分（フッ化物局所応用又は小窩裂溝填塞（しょうかれっこうてんそく）に係る料金）

Q 2-21 休 日 診 療

休日診療報酬に係る消費税の取扱いはどうなりますか。

Answer

　医師又は歯科医師が、地方公共団体等の開設する救急医療センター、病院等において休日、祭日又は夜間に診療等を行うこと（以下「休日診療等」といいます。）により地方公共団体等から支給を受ける委嘱料等は、給与等に該当するとされています（所基通28-9の2）。休日診療等は一般的にこれら救急医療センター等の医薬品や医療設備を使用し、また、診療報酬はその救急医療センター等に帰属し、医師又は歯科医師は一定の報酬を得るにすぎないことから、給与所得として取り扱われています。この場合、消費税法上は課税対象外となります。

　一方、自院で休日診療等を事業の遂行に付随して行った場合には、これら地方公共団体等から支払を受ける委嘱料等は、個人開業医であれば事業所得の金額の計算上総収入金額に算入するとされています（所基通27-5(5)）。また、医療法人であれば、益金の額に算入されることになります。この場合、いずれも消費税の取扱いは課税対象となります。

Q 2−22 　患者外給食収入

　当病院では、患者以外の付添人の方や病院スタッフに対して有料で給食の提供をしていますが、この場合の消費税の取扱いはどうなりますか。

Answer

　医業経営を行う上では、本来業務のほかに付随収入が生じることがあります。例えば患者から給食収入を得るほかに、患者の家族やスタッフにも食事を提供し、収入を得ることなどです。患者の家族に供する食事は、社会保険診療収入の範囲ではありませんし、スタッフの食事代も当然違います。よって、これら収入は消費税が課税されます。軽減税率の適用はなく、標準税率の適用となります。

　なお、例えばスタッフから給食代の実費を徴収し、それを給食業者への支払に充てている場合には、「預り金」として処理を行うことにより、消費税の課税対象外取引とすることができますが、この場合、個々の収入と支出に一対一の対応関係がなければなりません。経理処理には十分注意しましょう。

　また、消費税納税額の計算を簡易課税方式で行っている場合の業種区分は第四種事業となります。

　このほか、スタッフから給食代を徴収する場合に、その食事の価額の50％以上の対価を徴収していなければ、現物給与として給与所得課税されます。また、そのスタッフの給食代に係る医療機関の負担が1人当たり月額3,500円を超える場合にも同様です。この場合、負担額全額が給与となります（所基通36−38の2）。

Q 2-23 指定管理者制度の委託料

指定管理者制度に伴う委託料に対する消費税の取扱いについて教えてください。

Answer

指定管理者制度に伴う委託料は、収受する委託料の全額が消費税の課税対象となります。

指定管理者制度とは、病院経営を行う民間事業者が、地方自治体から指定を受け、市民病院等の自治体施設の管理・経営を代行するものです。指定管理者がサービスの提供を行い、その対価を地方公共団体が支払う関係にあり、これは資産の譲渡等に該当しますから、指定管理者制度に伴う委託料は、消費税の課税対象とされます（消法2①八、28①、消令2）。

Q 2-24　産業医の報酬

　医療法人が、事業者との間の契約に基づき、病院の勤務医を産業医として派遣した場合の委託料は消費税の課税の対象となりますか。

Answer

1．原　　則

　開業医や医療法人の理事長など「個人」が事業者から支払を受ける産業医としての報酬は、原則として給与収入となり、給与所得として所得税の課税対象とされます。したがって、消費税は不課税となります。

2．例　　外

　医療法人が、事業者との間の契約に基づき、病院の勤務医をその事業者の労働安全衛生法第13条に規定する産業医（一定規模以上の事業所で選任しなければならないとされている労働者の健康管理に当たる医者）に選任して派遣した場合には、その医療法人がその対価としての委託料を受領します。これはその医療法人の益金（その他の医業収入）に算入されることとなり、消費税の課税対象とされます。

Q 2-25 学校医の報酬

学校医の報酬に係る消費税の取扱いはどうなりますか。

Answer

学校医の報酬は給与所得となりますので、消費税の課税対象とはなりません。

学校医制度は学校保健安全法第23条により、学校教育法に規定する学校（幼稚園、小学校、中学校、高等学校、中等教育学校、特別支援学校、大学及び高等専門学校）について設置義務を課す制度です。また、大学以外の学校には、学校歯科医及び学校薬剤師を置かなければならないこととされています。これら、学校医、学校歯科医及び学校薬剤師については、それぞれ医師、歯科医師又は薬剤師のうちから任命又は委嘱することとなっており、これらの者は学校における保険管理に関する専門的事項に関する技術及び指導に従事します。

学校医の報酬は、公立校であれば条例により、報酬が定められており、必要に応じて会議、研修等参加時の交通費等の実費弁償がされます。これら学校医は医師個人が委嘱を受けて実施するものであり、受け取った報酬は給与所得に該当し、消費税は課税対象外となります。

Q 2-26　病 児 保 育

病児保育に係る消費税の取扱いはどうなりますか。

Answer

　病児保育事業とは、国の施策による「病後児デイケア」として始まりました。平成 7 年度から市町村補助事業として「乳幼児健康支援デイサービス事業」、平成 8 年から名称が変更され、「乳幼児健康支援一時預かり事業」として全国各地で展開されています。

　当初の「病後児デイケア」は、保育所に通所している病気の回復期にある子どもで、保育所の集団生活にまだ適さない場合を対象としており、育児と就労の両立を支援する目的で始まりました。現在は、保育所に通所している子のほかに、在宅の乳幼児が病気をしたときにも利用できるように、対象が拡大されています。

　病児保育施設には児童福祉法の規定に基づき、設置基準をクリアして都道府県知事の認可を受けている認可保育所のほか、これらをクリアしていない認可外保育所や東京都などが独自に定めた認証保育所があります。このうち、認可保育所で実施するものは、社会福祉法第 2 条第 3 項第 2 号に定める第二種社会福祉事業に該当し、消費税は非課税となります。

　また、認可外保育所のうち非課税の対象となるものが実施する病後児保育に係る保育料は非課税となります。

　ここで、非課税の対象となる認可外保育施設とは、認可外保育施設指導監督基準を満たすもので都道府県知事等からその基準を満たす旨の証明書の交付を受けた施設及び幼稚園併設型認可外保育施設をいいます（消法別表第二第 7 号ロ・ハ、消令14の 3 一、平成17年厚生労働省告示第128号）。

　同サービスは民間の医療機関などが行うこともあり、この場合、各所所定の料金を設定しています。この料金は消費税が課税となりますが、病院や診療所に併

設されたこれら施設に預けられた乳幼児に行う医療行為に係る社会保険診療等は非課税となります。

Q 2－27　外国人旅行者に対して行う医療行為の提供

外国人旅行者に対する医療行為は消費税が課税されますか。

Answer

外国為替及び外国貿易法第 6 条第 1 項第 5 号及び第 6 号に規定する消費税法上の非居住者に対して行われる役務の提供の多くは輸出免税の適用があります。しかし、次のものについては輸出免税とはならず、消費税が課税されます（消基通 7 － 2 － 1 ⑾)。

① 国内に所在する資産に係る運送や保管

② 国内における飲食や宿泊

③ ①及び②に準ずるもので、国内において直接便益を享受するもの

外国人旅行者に対する医療行為は、③に該当するため輸出免税となりません（消基通 7 － 2 － 16 ⑺)。また、患者は健康保険法等にも加入していないため健康保険法等の医療費（社会保険診療報酬等）にも該当しないため非課税となりません。したがって、通常、外国人旅行者に対する医療行為は消費税が課税されます。

Q 2−28 DPC 対象病院に入院中の患者が他の医療機関を受診した場合

DPC 対象病院に入院中の患者が他の医療機関を受診した場合の消費税の取扱いはどうなりますか。

Answer

1. DPC 制度

DPC とは Diagnosis Procedure Combination（診断群分類包括評価）の略で、診断に基づいて傷病名、年齢、意識障害レベル、手術・処置の有無、副傷病の有無など、一連の治療行為を組み合わせたものをいいます。本来、DPC は診断群分類方式を表したもので、診断群分類に基づく 1 日当たり定額報酬算定制度は DPC ／ PDPS（Diagnosis Procedure Combination ／ Per-Diem Payment System）といいます。

DPC 対象病院に入院中の患者が他の医療機関を受診した場合の診療報酬については、DPC 対象病院の医師が診療行為を行ったものとして保険請求します。

つまり、他の医療機関で DPC 包括項目を受診したものについては、別途出来高請求することはできず、当該他の医療機関の報酬は DPC 対象病院との合議により精算することになります。また、包括外の項目については DPC 対象病院で出来高請求を行い、同様に DPC 対象病院と他の医療機関との合議により精算します。

2. 消費税の取扱い

DPC 対象病院に入院中の患者に対し、他の医療機関にて診療をした場合でも、当該診療は社会保険診療に該当し、両者の間で収受する精算金については消費税が非課税となります（平成24年 8 月 9 日発厚生労働省保険局医療課「疑義解釈資料の送付について（その 8 ）」）。

Q2-29　産婦人科の助産に係る課税範囲

　産婦人科では助産に係る収益は非課税と聞きますが、具体的にはどこまでの範囲が非課税となりますか。

Answer

　「助産に係る資産の譲渡等」は消費税法別表第二第8号により非課税と定められていますが、一般的な医療と比較して、非課税範囲は広く定められています。

1．非課税となる範囲

　医師、助産師その他医療に関する施設の開設者による助産に係る資産の譲渡等は消費税を課さないとされています。この助産に係る資産の譲渡等とは、具体的に、①妊娠検査、②妊娠判明以降の検診、入院、③分娩の介助（無痛分娩の介助を含む）、④出産後2ヵ月以内に行われる母体回復検診、⑤新生児の検診、入院などが該当します（消基通6-8-1）。

　この場合、妊娠検査はその結果を問わず、非課税となります。一方、薬局における妊娠検査薬の販売は、医師、助産師その他医療に関する施設の開設者による助産に係る資産の譲渡にあたらず、課税対象となります。

2．妊娠中及び出産後の入院

　妊娠中の入院については、例えば妊娠中毒症や切迫流産などで産婦人科医が必要と認めた場合や、他の疾病による入院で産婦人科医が共同して管理する間の入院は非課税となります。

　また、出産後の入院のうち、産婦人科医が必要と認めた入院や、他の疾病による入院で産婦人科医が共同して管理する間については、出産の日から1ヵ月を限度として非課税となり、新生児についても同様に取り扱われます（消基通6-8-2）。

3. 差額ベッド代等の取扱い

　助産に係る資産の譲渡等については、消費税法別表第二第6号（公的な医療保障制度に係る療養、医療及びこれらに類するものとしての資産の譲渡等）により平成元年1月26日付大蔵省告示第7号の規定で定められた金額を超える場合であっても非課税となります。したがって、妊娠中の入院及び出産後の入院（異常分娩に伴うものを含む。）の差額ベッド代や特別給食費、大学病院等の初診料についても全額が非課税となります（消基通6－8－3）。

4. 死産・流産、人工妊娠中絶の場合

　死産・流産の場合は、健康保険等の適用を受け非課税となる（消法別表第二第6号）ものはもとより、自由診療に係るものについても非課税となります。

　これに対し、人工妊娠中絶について、健康保険適用部分は非課税ですが、自由診療に係るものについては課税対象となります。

死産・流産	健康保険適用	非課税
	自由診療	
人工妊娠中絶	健康保険適用	
	自由診療	課　税

Q 2-30　産婦人科の差額ベッド代等

　産婦人科における妊娠中及び出産後の入院の差額ベッド代は課税対象となりますか。

Answer

　助産に係る資産の譲渡等については、平成元年 1 月26日付大蔵省告示第 7 号「消費税法別表第二第 6 号に規定する財務大臣の定める資産の譲渡等及び金額を定める件」の規定により定められた金額を超える場合であっても非課税となります。

　したがって、産婦人科における妊娠中の入院及び出産後の入院（異常分娩に伴うものを含む。）に係る差額ベッド代や特別給食費、大学病院等の初診料については、これが助産に係る資産の譲渡等に該当すれば、その全額が消費税非課税となります（消基通 6 - 8 - 3 ）。

Q 2-31 胎盤処理費

産婦人科で患者に対し胎盤処理費を請求した場合、その消費税の取扱いはどうなりますか。

Answer

消費税法では、医師、助産師その他医療に関する施設の開設者による助産に係る資産の譲渡等は非課税とされています。胎盤の処理は助産のために必要な行為であることから、その処理費を助産費用の一環で請求している場合には、消費税は非課税となります（消法別表第二第8号）。

Q 2-32 死産・流産、人工妊娠中絶

死産・流産、人工妊娠中絶について、消費税は課税対象となりますか。

Answer

　死産・流産の場合は、健康保険等の適用を受け消費税が非課税となるものはもとより、自由診療となるものについても消費税は非課税となります。

　これに対し、人工妊娠中絶について、原則として、消費税の課税対象となります。

　人工妊娠中絶は、母体保護法（1996年以前は優生保護法）において、都道府県の指定する医師が行うものと規定されています。「妊娠の継続又は分娩が身体的又は経済的理由により母体の健康を著しく害するおそれのあるもの」、「暴行若しくは脅迫によって抵抗若しくは拒絶することができない間に姦淫されて妊娠したもの」について中絶を行うことができると定められています。この人工妊娠中絶に関しては健康保険では認められていないため通常は保険適用とはなりません。

　ただし、流産による中絶は疾患としてみなされるため同じ掻爬手術を行ったとしても健康保険の適用とされ、この場合は、消費税は非課税となります。

　流産については、その原因は、受精卵の異常（染色体の異常など）や胎児附属物の異常、多胎妊娠、子宮の異常（子宮筋腫、子宮奇形、子宮頸管無力症など）、卵巣機能の異常、染色体の異常、感染症、その他の疾患、染色体の異常、精子の異常、免疫異常（HLA適合性など）、感染症、羊水過多などがあります。

　また流産の種類も、切迫流産、稽留流産、進行流産、不全流産、完全流産、胞状奇胎、子宮外妊娠などがあります。これらの診断を受けた場合は、医療保険で「流産手術」が適用されます。

　診療報酬の手術には、流産手術、子宮内容除去術（不全流産）、胞状奇胎除去術、子宮外妊娠手術があります（消法別表第二第6号イ）。

死産・流産	健康保険適用	非課税
	自由診療	
人工妊娠中絶	健康保険適用	
	自由診療	課　税

Q 2-33　不妊治療

不妊治療について、消費税は課税対象となりますか。

Answer

　令和 4 年 4 月から、人工授精等の「一般不妊治療」、体外受精・顕微鏡授精等の「生殖補助医療」について、健康保険が適用されることとなりました。

　「生殖補助医療」については、採卵から胚移植に至るまでの一連の基本的な診療は全て保険適用され、患者の状態等に応じ追加的に実施される可能性のある治療等のうち、先進医療に位置付けられたものについては、保険診療と併用可能となります。このため、保険適用の対象となる不妊治療については、消費税は非課税となります。

　なお、保険診療でも、令和 3 年度までの助成金と同様に回数制限が設けられており、回数制限を超過した不妊治療については消費税の課税対象となります。

　また、保険診療で行うことのできる範囲の診療は決まっているため、それ以外の診療行為については自由診療となり、消費税の課税対象となります。

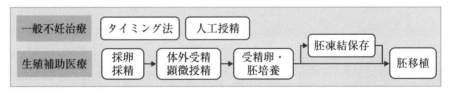

年齢・回数の要件（体外受精・顕微授精）

年齢制限	回数制限	
治療開始時において女性の年齢が43歳未満であること	初めての治療開始時点の女性の年齢	回数の上限
	40歳未満	通算6回まで（1子ごとに）
	40歳以上43歳未満	通算3回まで（1子ごとに）

出典：厚生労働省　不妊治療に関する取組に関するリーフレット

Q 2−34　治験の委託手数料

製薬会社などから受ける治験の委託手数料に係る消費税の取扱いはどうなりますか。

Answer

委託を受けた治験に係る収益は消費税の課税対象とされます。

「薬の候補」は、植物、土壌中の菌などから発見された物質の中から、病気に効果があり、人に使用しても安全と予測されるものが選ばれます。この「薬の候補」の開発の最終段階では、人に対する効果と安全性を調べることが必要です。人に対する試験を一般に「臨床試験」といいますが、「薬の候補」を用いて国の承認を得るための成績を集める臨床試験は、特に「治験」と呼ばれています。

製薬会社などがこの臨床試験である治験を医療法人等へ委託した場合、委託手数料を支払います。医療法人等が受け取る委託手数料は、対価性のある役務の提供ですから、消費税の課税対象とされます。

Q 2−35　レストランや社員食堂での食事の提供

　病院内のレストランや社員食堂で提供する食事は、軽減税率の対象となりますか？

Answer

　軽減税率の適用対象とならない「食事の提供」とは、飲食設備のある場所において飲食料品を飲食させる役務の提供をいいます。

　まず、病院内に設置された、来院者に広く開放されたレストランについては、上記「食事の提供」に該当するため、軽減税率の対象とはなりません。

　また、病院内に設けられた社員食堂で提供する食事も、その食堂において、社員や職員に、飲食料品を飲食させる役務の提供を行うものであることから、上記「食事の提供」に該当し、軽減税率の適用対象となりません。

Q 2−36　売店での飲食料品の販売、自動販売機収入

　病院内の売店で販売する飲食料品には、軽減税率は適用されますか？
また、病院内に設置した自動販売機にて飲食料品を販売した場合、軽
減税率の適用対象となりますか？

Answer

　軽減税率の対象品目である「飲食料品」とは、食品表示法に規定する食品（酒
税法に規定する酒類を除きます。以下『食品』といいます。）をいいます。

　食品表示法に規定する「食品」とは、全ての飲食物をいい、「医薬品、医療機
器等の品質、有効性及び安全性の確保等に関する法律」に規定する「医薬品」、「医
薬部外品」及び「再生医療等製品」を除き、食品衛生法に規定する「添加物」を
含むものとされています。

　病院内の売店で販売する飲食料品のうち、上記に該当する『食品』は、原則と
して、軽減税率の対象となります。

　また、病院内に設置した自動販売機により行われるジュース、パン、お菓子等
の販売は、飲食料品を飲食させる役務の提供を行っているものではなく、単にこ
れらの飲食料品を販売する者であることから軽減税率の適用対象となる「飲食料
品の譲渡」に該当することとされています。

Q 2-37 コンビニエンスストア内等にイートインスペースを設ける場合

病院内にあるコンビニエンスストア内にイートインスペースを設置し、飲食料品を購入した人に自由に利用させていますが、この場合の飲食料品の販売は、軽減税率の適用対象となりますか？

Answer

　イートインスペースを設置しているコンビニエンスストアにおいて、例えば、トレイや返却が必要な食器に入れて飲食料品を提供する場合などは、店内のイートインスペースで飲食させる「食事の提供」であり、軽減税率の適用対象となりません。

　コンビニエンスストアでは、ホットスナックや弁当のように持ち帰ることも店内で飲食することも可能な商品を扱っており、このような商品について、店内で飲食させるか否かにかかわらず、持ち帰りの際に利用している容器等に入れて販売することがあります。このような場合には、顧客に対して店内飲食か持ち帰りかの意思確認を行うなどの方法で、軽減税率の適用対象となるかならないかを判定することが必要になります。

　その際、大半の商品（飲食料品）が持ち帰りであることを前提として営業しているコンビニエンスストアの場合において、全ての顧客に店内飲食か持ち帰りかを質問することを必要とするものではなく、例えば、「イートインコーナーを利用する場合はお申し出ください」等の掲示をして意思確認を行うなど、営業の実態に応じた方法で意思確認を行うこととして差し支えない、とされています。

　ただし、ひろく病院内には、イートインスペースとしての明示はなくても、テーブル・椅子・カウンターなど、飲食に用いられる設備を有しているところも多く、規模や目的を問わずこれらは「飲食設備」に該当します（例えば、病院内にある飲食不可と明示していない休憩スペースなど）。この場合にも、例えば、「お買い

上げの商品を病院内の休憩スペース等を利用してお召し上がりになる場合にはお申し出ください」等の掲示を行うなど、営業の実態に応じた方法により意思確認を行うこととして差し支えない、とされています。

Q 2-38　栄養ドリンク、健康食品、美容食品等の販売

栄養ドリンク、健康食品、美容食品等を販売していますが、これらは消費税の軽減税率の適用対象となりますか？

Answer

① 「栄養ドリンクの販売」

「医薬品、医療機器等の品質、有効性及び安全性の確保等に関する法律」に規定する「医薬品」、「医薬部外品」及び「再生医療等製品」（以下「医薬品等」といいます。）は、「食品」に該当しません。したがって、医薬品等に該当する栄養ドリンクの販売は軽減税率の適用対象となりません。

なお、医薬品等に該当しない栄養ドリンクは、「食品」に該当し、その販売は軽減税率の適用対象となります。

② 「健康食品、美容食品等の販売」

人の飲用又は食用に供される特定保健用食品、栄養機能食品は、医薬品等に該当しませんので、「食品」に該当し、また、人の飲用又は食用に供されるいわゆる健康食品、美容食品も、医薬品等に該当しないものであれば、「食品」に該当しますので、それらの販売は軽減税率の適用対象となります。

Q 2-39　院内保育の運営補助金

院内保育の運営補助金を受領した場合に消費税は課されますか。

Answer

　院内保育の運営補助金収入は、資産の譲渡等の対価に該当しないため、消費税の課税の対象とはなりません。

　事業者が国又は地方公共団体等から受ける奨励金若しくは助成金等又は補助金等のように、特定の政策目的の実現を図るための給付金は、資産の譲渡等の対価に該当しません（消基通5-2-15）。

　なお、国や地方公共団体の特別会計、法別表第三に掲げる法人又は人格のない社団等については、特定収入割合が5％を超える場合には課税標準額から控除する仕入税額控除について一定の調整が必要になる場合があります（消法60④、消令75③）。

　特定収入には、租税、補助金、交付金、寄附金、出資に対する配当金、保険金、損害賠償金、資産の譲渡等の対価に該当しない負担金、他会計からの繰入金、会費等、喜捨金等があります（消基通16-2-1）。

Q 2−40 地代収入、駐車場収入

個人開業医が所有している土地を近隣の住人に貸し付けた場合、その地代収入には消費税は課税されますか。また、医療機関が来院者用に時間貸ししている場合の地代収入は、消費税の課税対象となりますか。

Answer

1. 土地の貸付け

単なる土地の貸付けは、消費税は非課税となり、課税されません（消法6①、消法別表第二第1号）。

ただし、貸付期間が1ヵ月に満たない短期貸付けの場合や地面の整備又はフェンス、区画、建物の設置等をしているときは、消費税の課税対象とされます（消令8）。

2. 駐車場の貸付け

駐車場の貸付けは消費税の課税対象とされます（消令8）。ただし、駐車場等として利用する場合であっても、地面の整備又はフェンス、区画、建物の設置等をしていないとき（単なる土地の貸付け）は、消費税は課税されません（消基通6−1−5（注1））。

3. 医療機関が来院者用に時間貸ししている場合

医療機関が来院者用に時間貸ししている場合の地代収入は、消費税の課税対象となります。

Q 2–41　自動販売機手数料

　病院内に自動販売機を設置して手数料収入を受け取っています。この自動販売機の設置手数料収入は、消費税が課税されますか。

Answer

　自動販売機の設置手数料収入は、消費税の課税対象となります。

　なお、テレビ使用料、おむつ代、廃液処理代、医療機器のスクラップ代なども課税の対象となります。

Q 2-42 利子補給金

　地方公共団体から支払を受けた利子補給金に係る消費税の取扱いはどうなりますか。

Answer

　地方公共団体から支払を受けた利子補給金は、消費税の課税対象とされません。

　利子補給金は、国又は地方公共団体が特定の政策目的の実現のために、対象事業者に支給する給付金です。したがって、資産の譲渡の対価とはならないため、消費税の課税対象とはされません（消基通5－2－15)。

Q 2-43　固定資産の売却

病院の建物と土地を売却したことにより、建物、土地の売却益が生じました。固定資産の売却による消費税の取扱いについて教えてください。

Answer

1. 建物の売却

建物を売却した場合には消費税の課税取引となります。この場合、課税対象となるのは、売却益（売却損）ではなく、建物の譲渡価額（譲渡対価）となります。

2. 土地の売却

土地の売却は消費税の非課税取引となります。

3. 土地と建物とを一括譲渡した場合

土地と建物とを一括譲渡した場合で、譲渡に係る契約書において土地と建物のそれぞれの価額が明らかにされていない場合には、譲渡代金を土地部分と建物部分に合理的に区分し、消費税の計算をする必要があります。

なお、それぞれの対価について、所得税又は法人税の土地の譲渡等に係る課税の特例の計算における取扱いにより区分しているときは、その区分したところにより計算することもできます（消令45③、消基通10－1－5）。

Q 2−44 保　　険　　金

生命保険、火災保険、医師賠償責任保険に加入しております。保険事故が発生した場合に受け取る保険金に係る消費税の取扱いを教えてください。

Answer

　生命保険に係る保険金、火災保険に係る保険金、医師賠償責任保険に係る保険金は、消費税の課税対象とはなりません。

　保険金は、保険事故の発生に伴い受け取るものですから、資産の譲渡等に係る対価とは異なり、対価性がないため、課税されません（消基通5−2−4）。

Q 2-45 従業員寮の家賃収入

　当病院は従業員寮を所有しており従業員から家賃を徴収しています。この場合の家賃に係る消費税は課税となるでしょうか。また、寮に隣接する駐車場も合わせて貸付けを行っている場合はどうなるでしょうか。

Answer

　消費税法上、住宅の貸付けは社会政策上の配慮から非課税として取り扱われています。従業員の居住を目的とする従業員寮も、住宅の貸付けに該当しますから家賃収入は、消費税の非課税売上に該当します。

　一方、駐車場の貸付けは、住宅の貸付けとは区分され、非課税規定は定められていませんので、課税として取り扱うことになります。

　また、駐車場付き住宅としてその全体が住宅の貸付けとされる駐車場は非課税とされますが、この場合の駐車場付き住宅の要件として、一戸建住宅に係る駐車場のほか、集合住宅に係る駐車場で入居者について1戸当たり1台分以上の駐車スペースが確保されており、かつ、自動車の保有の有無にかかわらず割り当てられる等の場合で、住宅の貸付けの対価とは別に駐車場使用料等を収受していないことが定められています（消法別表第二第13号、消基通6-13-3）。

Q 2−46 松葉づえの保証金

当医院では松葉づえの貸出しを行っています。その際、保証金を預かっていますが、この保証金に対する消費税の取扱いを教えてください。

Answer

松葉づえなど物品を無償で貸し付ける場合、貸付時に保証金を預り、返還時に保証金を返還することがあります。これら保証金は単なる「預り金」に過ぎず、資産の譲渡等の対価には該当しないことから、消費税の課税対象とはなりません。

しかし、松葉づえを紛失したり損傷したりした場合に、その保証金を返金せずに、弁償金や松葉づえの売却代金として回収することがあります。この場合には、預り金を収益計上することになり、消費税の判定が必要となります。

このような保証金は通常その販売価格よりも低額であると考えられ、一般に弁償金の性質が強いものと思われます。弁償金として回収する場合は、対価性がなく課税対象外となります。一方、松葉づえの販売代金ととらえる場合には、身体障害者用物品の譲渡等に該当し、非課税として取り扱われます。

そこで、消費税基本通達には、以下のような取扱いが示されています。

(1) 当事者間において当該容器等の譲渡の対価として処理することとしている場合

　資産の譲渡等の対価に該当する。

(2) 当事者間において損害賠償金として処理することとしている場合

　当該損害賠償金は資産の譲渡等の対価に該当しない。

(注) (1)又は(2)のいずれによるかは、当事者間で授受する請求書、領収書その他の書類で明らかにするものとする。

いずれも消費税額は発生しませんが、課税売上割合の算定上影響がありますので、あらかじめ保証金に関する取扱いを定めておくなどすることが無用なトラブルを回避する策となります（消法別表第二第10号、消基通5−2−6）。

Q 2−47 原稿料・講演料の収入

個人開業医が、医療関係の雑誌の原稿を執筆して原稿料を得たり、講演会の講師謝金をもらったりすることがあります。この場合の消費税は課税になりますか。

Answer

個人が対価を得て資産の譲渡等を行う場合、その個人が事業者として事業として行っているかどうかが問題となります。

この「事業として」とは、対価を得て行われる資産の譲渡及び貸付け並びに役務の提供が反復、継続、独立して行われることを判断基準としています。

したがって、実際の判断は個々のケースに応じて行う必要があり、反復性、継続性、独立性が認められれば消費税は課税となり、そうでなければ課税対象外となります。

一般的には、個人開業医が、医療関係の雑誌の原稿を執筆して、原稿料を得たり、講演会の講師謝金をもらったりした場合は、消費税の課税対象となることが多いようです（消法2①八、消基通5−1−1）。

Q2-48 受取利息・剰余金の配当

受取利息や剰余金の配当には消費税は課税されますか。

Answer

1．受 取 利 息

　消費税は、財貨やサービスの流れを通して消費に負担を求める税です。したがって、消費税の課税の対象になじまない資金の流れに関する取引などは非課税とされています。具体的には、預貯金や貸付金の利子、国債、地方債、社債等の利子は、消費税は非課税とされています（消法6①、消法別表第二第3号）。

2．剰余金の配当

　剰余金の配当若しくは利益の配当又は剰余金の分配は、株主又は出資者たる地位に基づき、出資に対する配当又は分配として受けるものであるため、資産の譲渡等の対価に該当しないこととなり、消費税は不課税とされています（消基通5－2－8）。

（支出の部）

Q 2-49　看護師養成のための奨学金

　当院では看護基準を充足するため看護師養成の奨学金貸与制度を設けています。希望する者に対して、看護師資格取得のための2年間の修学費用全額を奨学金として貸与するものです。貸与した奨学金は卒業後3年間当院で勤務を継続した場合には、その時点で返還免除（全額を債務免除）とし、それまでに退職した者は全額返済することとしています。この場合の消費税の取扱いについて教えてください。

Answer

　奨学金制度に基づき貸与した奨学金は、金銭の貸付けとなるため消費税の非課税取引となります。

　奨学金の返還を免除（債務免除）した際は、対価性がないことから消費税の対象外取引となります。

　また、奨学金制度を採用している医療機関では貸与期間中の利子を無利子としているケースが多いですが、利息を受け取ることとしている場合には、その利子収入は、消費税の非課税収入となります。

　制度に違反して貸与した奨学金の弁済を受ける場合には、利子を付けることがありますが、この場合の利子収入も同様となります。

Q 2−50　無料又は低額な診療の減免

　社会福祉法人立の病院などにおいて、患者に無料又は低額な料金で診療を行う場合の診療費減免は消費税の課税対象となりますか。

Answer

　社会福祉法人立の病院などが、患者に無料又は低額な料金で診療を行う場合があります。

　これは生計困難な方が経済的な理由によって、必要な医療を受けられる機会が制限されることのないように無料又は低額な料金で治療を受けられる制度です。

　この無料又は低額な診療の減免制度は、社会福祉法人が、社会福祉法第69条第1項の規定により、同法第2条第3項第9号に掲げる「無料又は低額な料金で診療を行う事業」を行う旨の届出を行い、かつ厚生労働大臣の定める基準に沿って行う事業とされています。

　この場合、社会福祉法人が提供するこの診療事業は、法人税法上、収益事業に該当しないこととされています（法令5①二十九ヨ、法規6四）。

　消費税の取扱いについては、無料で診療を行う場合は対価性がない取引のため課税対象外となります。低額な料金で診療を行う場合は、社会保険診療であれば非課税取引、自由診療であれば課税取引となります。

　また、診療費減免額は、社会保険診療であれば売上げに係る対価の返還等には該当しませんが、自由診療であれば売上に係る対価の返還等に該当することとなります。

Q 2-51　医薬品の廃棄

消費期限の切れた医薬品を廃棄しました。期限の切れた医薬品の廃棄
処分について、消費税で注意することはありますか。

Answer

　期限の切れた医薬品の廃棄処分については消費税の課税対象外となり、特に調
整は必要ありません。

　医薬品を購入した際、消費税では仕入税額控除をしていますが、医薬品を廃棄・
滅失した際には、事業者が事業として対価を得て行う資産の譲渡等に該当しませ
んので、消費税の課税対象外となり、特に調整は必要ありません（消基通5-2
-13、11-2-9）。

Q 2−52 　棚卸資産の調整

　当院は、当期より新たに消費税の課税事業者となりますが、免税事業者であった前期に仕入れた棚卸資産（医薬品や診療材料）を当期に使用した場合の消費税の取扱いはどうなりますか。

Answer

　新たに消費税の課税事業者になった場合に、課税事業者となる日の前日において所有する棚卸資産のうちに、免税事業者であった期間に仕入れたものがある場合には、その棚卸資産を課税事業者になった期間に仕入れたものとみなして仕入税額控除をすることになります。

　ただし、簡易課税制度を選択している場合には、この調整計算の適用はありません。

　なお、消費税の課税事業者が免税事業者となった場合には、課税事業者であった課税期間の末日に所有する、その期間に仕入れた棚卸資産は、課税事業者の期間においても免税事業者の期間においても仕入税額控除の対象とはなりません（消法36、消基通12−7−1、12−7−2、12−7−4）。

Q 2-53　医 師 会 費

医師会費などの会費の支払いや医師会への入会金は、消費税の課税の対象になりますか。

Answer

　医師の場合、日本医師会や都道府県医師会、市区町村の医師会などに加入し会費を支払うことがあります。また、保険医協会などに入会した場合にも会費の支払が必要となります。

　これら会費のうち、通常の医師会費や医師会への入会金は、原則として課税の対象にはなりません（不課税取引）。

　同業者団体に支払う会費が課税仕入れになるかどうかは、その団体から受ける役務の提供等と会費の間に明らかな対価関係があるかどうかによって判定します。一般的に、その団体の業務運営に必要な通常会費については、対価性がないため、消費税の課税の対象にはなりません。

　ただし、通常会費であっても、対価性があるかどうかの判定が困難なものについては、その会費などを支払う事業者とその会費などを受ける同業者団体や組合などの双方が、その会費などを役務の提供や資産の譲渡等の対価に当たらないものとして継続して処理している場合はその処理が認められます。なお、この場合には、同業者団体や組合などは、その旨をその構成員に通知するものとされています。

　会費に対する消費税の課否判定は、その名目により判断するのではなく、実質で判断することになりますので、注意が必要となります（消法2、消基通5-5-3～5、11-2-4～5）。

Q 2−54 職員に対して支払う出張旅費や日当等

　　職員に対して支払う出張旅費や日当等は、消費税の課税仕入れに該当しますか。また、飲食料品の購入など軽減税率の適用対象となる支払いに充てられた場合の取扱いについて教えてください。

Answer

　その日当等のうち「通常必要であると認められる部分の金額」は、消費税の課税仕入れに該当します。加えて、インボイス制度上の取扱いとして、従業員等に支給する出張旅費、宿泊費、日当等のうち、その旅行に通常必要であると認められる部分の金額については、課税仕入に係る支払対価の額に該当するものとして取り扱われますが、帳簿のみの保存で仕入税額控除が認められる「その旅行に通常必要であると認められる部分」については、所得税基本通達9−3に基づき判定しますので、所得税が非課税となる範囲内で、帳簿のみの保存で仕入税額控除が認められることになります。

　役員又は職員が勤務する場所を離れてその職務を遂行するために旅行をし、若しくは転任に伴う転居のための旅行をした場合又は就職若しくは退職をした者若しくは死亡による退職をした者の遺族がこれらに伴う転居のための旅行をした場合に、事業者がその使用人等又はその退職者等に支給する出張旅費、宿泊費、日当等のうち、「その旅行について通常必要であると認められる部分の金額」は、課税仕入れに係る支払対価に該当するものとして取り扱うこととされています。

　なお「その旅行について通常必要であると認められる部分の金額」の範囲については、所得税基本通達9−3《非課税とされる旅費の範囲》の例により判定することとされています。

　しかし、海外出張のために支給する旅費、宿泊費及び日当等は、課税仕入れに係る支払対価に該当しませんので注意してください（消基通11−2−1）。

　また、日当等にかかる軽減税率についての取扱いについては以下のようになります。

・出張等に必要な支出に充てるために事業者がその従業員等に対して支出する日
　当は、仮に従業員等が軽減税率の適用対象となる「飲食料品の譲渡」に充てた
　としても、事業者は「飲食料品の譲渡」の対価として支出するものではないこ
　とから、軽減税率の適用対象とはなりません。
・従業員等が支出した実費について、実費精算をしている場合には、その支払い
　の事実に基づき適用税率を判定することとなります。
　※　インボイス制度上の取扱いについては、「Ｑ１－14　インボイスの交付や
　　　保存の義務参照のこと」

Q 2−55 職員の転勤に伴う支度金

職員の転勤に伴い支度金を支給することになりましたが、消費税の取扱いはどのようになりますか。

Answer

その支度金のうち「通常必要であると認められる部分の金額」は、消費税の課税仕入れに該当します。

役員又は職員が勤務する場所を離れてその職務を遂行するために旅行をし、若しくは転任に伴う転居のための旅行をした場合又は就職若しくは退職をした者若しくは死亡による退職をした者の遺族がこれらに伴う転居のための旅行をした場合に、事業者がその使用人等又はその退職者等に支給する引越費用、旅費、宿泊費等の支度金のうち、「その転居について通常必要であると認められる部分の金額」は、課税仕入れに係る支払対価に該当するものとして取り扱うこととされています。

なお、「その転居について通常必要であると認められる部分の金額」の範囲については、所得税基本通達9−3《非課税とされる旅費の範囲》の例により判定することとされています（消基通11−2−1）。

また、入社時に一律で支給される入社支度金は「通常必要とされる部分の金額」とはいえず、実費弁済の性質を持たないため、課税仕入として扱われません。

※　インボイス制度上の取扱いについては、「Q1−14　インボイスの交付や保存の義務参照のこと」

Q 2-56　社宅の家賃補助

　法人契約で社宅を借りて家賃の一部を職員から徴収する場合と、職員が個人契約で住宅を借りた場合に家賃の一部を医療機関が補助する場合の家賃補助の消費税の取扱いの違いについて教えてください。

Answer

(1)　法人契約で家賃の一部を徴収する場合

　職員から徴収した金額については非課税となります。

(2)　職員が個人契約した家賃の一部を補助する場合

　職員へ支給する補助金は、通常給与等に該当し不課税となります。

　消費税法上、非課税とされる項目は限定列挙されています。

　これらのうち、職員へ提供するために医療機関が用意する社宅や看護師等の寮についても、「住宅の貸付け」に該当し非課税となります。したがって、医療機関が住宅の所有者に対して支払う家賃、職員から徴収する社宅使用料はともに非課税取引として消費税は課税されないことになります。

　その一方で、職員が個人契約した家賃を医療機関が補助する場合の家賃補助については、その所得の種類も職員に対する給与等に該当し住宅手当等として支給することから、課税仕入れには該当しません。

Q 2-57 生命保険料

当院では理事長を被保険者とし医療法人を受取人とする生命保険に加入していますが、支払った保険料は消費税の課税仕入れになりますか。

Answer

支払った保険料は非課税となります。

保険料を対価とする役務の提供は消費税法上非課税とされていることから、生命保険料のほかにも、火災保険・自動車保険・医師賠償責任保険・個人情報漏えい保険などの損害保険料を支払った場合にも消費税は非課税となります。

したがって、生命保険料については掛捨保険料のみならず積立保険料部分も非課税となりますが、その保険料が役員または職員の給与とされる場合には、非課税ではなく不課税の取扱いとなります（消法6①、別表第二第3号、消基通6-3-1）。

Q 2-58 医薬品や医療用機器を購入した場合

医薬品や医療用機器を購入した場合の消費税はどのようになりますか。

Answer

　医薬品、医療用機器の購入費用は、いずれも消費税の課税仕入れに該当します。

　仕入税額控除の個別対応方式を採用する場合の留意点として、通常、医薬品については課税売上げにのみ要するものと非課税売上げにのみ要するものとに区分することが困難であると考えられます。このように区分が困難であるときは、「課税・非課税共通」として処理することになります。

Q 2-59 新病棟の建設

　当医療法人では、新たに病棟を建設しています。病棟の完成・引渡しは翌期になりますが、当期中に着手金等を含めた建築代金の一部を支払い、建設仮勘定で処理しています。この場合の消費税の取扱いはどうなりますか。

Answer

　病棟などの建物の建設工事は長期間に及ぶため、着手金や前払金といった部分的に引渡しを受けた部分の工事代金等をいったん建設仮勘定で経理処理し、引渡しが完了したときに固定資産に振替処理するのが一般的な取扱いです。

　この場合、着手金や前払金等を支払った時点では、建物の引渡しは行われていませんので消費税の仕入税額控除の対象とすることはできません。

　仕入税額控除の対象となるのは「課税仕入れ等をした日の属する課税期間」であり、「課税仕入れ等をした日」とは、「資産の譲受けや借受けをした日又は役務の提供を受けた日」となります。

　したがって、例えば、病棟の設計と建築を別の業者に依頼した場合には設計の図面が完成した段階で役務の提供を受けたことになり仕入税額控除の対象となります。

　しかし、それでは経理処理が煩雑になってしまうため、目的物のすべての引渡しを受けた日に仕入税額控除の対象とすることも認められています（消基通11-3-6）。

　なお、従業員寮は居住用建物に該当するため、従業員寮を取得又は建設した場合、その代金については仕入税額控除の対象となりません。（消法30⑩）

Q 2－60　自動車購入費用

　自動車を購入した場合に支払う各種費用についての消費税の取扱いはどのようになりますか。

Answer

　一般的に、車両本体価格・付属品等及び販売諸費用のうちディーラーの代行費用と、自動車リサイクル料金のうち「資金管理料金」については課税仕入れとなります。

　自動車を購入する場合には、各種の諸費用を支払うこととなりますが、一般的に自動車税等の各種税金の支払いは不課税、自賠責保険料や車庫証明費用等の法定費用については非課税取引に該当することになりますし、身体障害者用物品に該当する自動車を購入した場合には、車両本体価格も非課税となります。

　また自動車リサイクル料金は、①シュレッダーダスト料金、②エアバック類料金、③フロン類料金、④情報管理料金、⑤資金管理料金が含まれています。この料金は、車両購入等の際に支払う「前払い方式」であり、実際に廃棄される時まで資金管理法人により管理・運用される仕組みになっています。

　つまり、医療機関がこれを支払った場合には、リサイクル預託金として法人税法上の資産に計上することになり、消費税は不課税となります。ただし、資金管理料金については、資金管理法人の運用や管理等に充てられるものであり、入金された後すぐにこの管理法人によって費消されるため、法人税法上、支払った時点で費用処理を行うことができ、消費税についても支払った時点で課税仕入れとすることができます。

Q 2-61 シンジケートローンの費用

金融機関より提案があり、医療機関向けのシンジケートローンについて検討しています。シンジケートローンに係る費用について消費税の取扱いはどうなりますか。

Answer

シンジケートローンとは、大規模な資金需要に対して複数の金融機関（アレンジャー）がシンジケート団を組成し、一つの融資契約書に基づき同一条件で融資を実行する資金調達方法をいいます。このシンジケートローンには、通常の金利のほかに、①アレンジメントフィー（幹事金融機関の組成手数料）、②エージェントフィー（借受人の代理手数料）、③ファシリティフィー（貸出枠総額に対する手数料）又はコミットメントフィー（未使用貸出枠に対する手数料）が発生します。

このうち、消費税の取扱いは以下のとおりとなります。

① アレンジメントフィー … 課税仕入れ

② エージェントフィー … 課税仕入れ

③ ファシリティフィー、コミットメントフィー … 不課税取引

※ ③については、貸付予約（受託）及び与信を受けるための権利の原始的創設と認められるため、資産の譲渡等に該当せず、消費税の課税対象外となります。

Q 2-62 医業未収金の債権譲渡（ファクタリング）

医業未収金の債権を譲渡するいわゆるファクタリング取引について、消費税の取扱いはどうなりますか。

Answer

医療機関が利息や手数料等を支払って行う医業未収金の債権譲渡（ファクタリング）は、金銭債権の譲受けに該当し、消費税は非課税となります。また、ファクタリング取引に伴い生じる利息や手数料等も非課税取引となります（消令10③八、消基通6-3-1）。

Q 2−63 | クレジットカード手数料、キャッシュレス決済手数料

患者からの窓口負担金をクレジットカード等キャッシュレス決済により領収する場合に、クレジットカード会社等から後日入金される際に差し引かれる加盟店手数料や決済手数料等の消費税の取扱いはどのようになりますか。

Answer

　クレジットカード会社から支払いを受ける際に差し引かれる加盟店手数料は、消費税は非課税となります。

　患者がクレジットカードを利用した診療費については、医療機関がクレジットカード会社に対してその診療債権を譲渡したものと認められ、差し引かれる加盟店手数料については譲渡損失という認識になるため、金銭債権の譲渡として消費税は非課税となります（消令10③八）。

　また、他のキャッシュレス決済に関する決済手数料について、交通系電子マネーやQRコード決済の場合には課税対象となりますが、iDやQUICPayについては非課税となります。実際に会計処理を行う場合には、電子マネー登録業者等との契約書や入金に関する明細書等により確認することができます。

Q 2-64 信用保証料

銀行からの借入れに対する支払利息や信用保証協会に支払う信用保証料は、課税仕入れとなりますか。

Answer

支払利息や信用保証料の支払いは、消費税は非課税となります。

利子及び保険料を対価とする役務の提供は消費税法上非課税とされていることから、借入れに対する支払利息は非課税となり、また信用保証協会に対して支払う信用保証料についても、保険料と同様の性格であるため消費税は非課税となります（消基通6－3－1）。

Q 2-65　貸倒損失

　窓口未収金が回収不能となってしまったので、貸倒処理したいと思います。消費税はどのような処理になりますか。

Answer

　診療債権の種類により消費税の処理は異なります。

　診療債権その他の債権が貸倒れとなったときは、貸倒れとなった金額に対応する消費税額を貸倒れの発生した課税期間の売上げに対する消費税額から控除します。

　この控除の対象となる貸倒れは、消費税の課税対象となる取引の診療債権その他の債権に限られています。

　一般的には自由診療、美容整形や差額ベッドの料金等の課税資産の譲渡等による未収金が貸倒れとなった場合には税額控除の対象となります。

　社会保険診療等の窓口未収金や金銭の貸付けである貸付金については非課税取引に該当するため、これらが貸倒れたとしても税額控除の対象にはなりません。

　また、免税事業者であった期間に診療した自由診療の未収金が、課税事業者になってから貸倒れが生じたとしても税額控除の対象にはなりません。反対に課税事業者であった期間に生じた自由診療の未収金が、免税事業者になってから貸倒れたとしても税額控除の適用はありません。

　なお、貸倒れとして認められる主な例は次のとおりです。

1	更生計画認可の決定、再生計画認可の決定などにより債権の切捨てがあったこと。
2	債務者の財産状況、支払能力等からみてその債務者が債務の全額を弁済できないことが明らかであること。
3	法令の規定による整理手続によらない関係者の協議決定で、一定の要件に該当する基準により債権の切捨てがあったこと。
4	債務者の債務超過の状態が相当期間継続し、その債権の弁済を受けることができないと認められる場合に、その債務者に対し書面により債務の免除を行ったこと。

　また、貸倒れとして消費税額を控除するためには、債権の切捨ての事実を証する書類その他貸倒れの事実を明らかにする書面の保存をしておくことが必要です（消法39①、消令59、消規18）。

Q 2-66 示 談 金

当院の医師が行った手術について患者と争いが生じたため、示談金を支払い和解しました。この示談金の消費税の取扱いはどうなりますか。

Answer

示談金を支払った場合、その支払った示談金が損害賠償金としての性格を有するときには、対価性があるとはいえないため、消費税の計算上、課税仕入れの対象とはなりません。

＜参考＞

損害賠償金について、次のような場合には、実質的に資産の譲渡等に当たると考えられるため、課税仕入れに該当すると考えられます（消基通5－2－5）。

1	損害を受けた棚卸資産等が加害者に引き渡される場合において、その加害者から受け取る譲渡代金に相当する損害賠償金（その棚卸資産等がそのまま又は軽微な修理を加えることで使用できる場合に限る）
2	特許権等の知的財産権の侵害を受けた場合において、その知的財産権の使用料に相当する損害賠償金
3	不動産の明渡しの遅滞により、加害者から受け取る賃貸料に相当する損害賠償金

Q 2-67　病院食や社員食堂の食材ほか飲食料品の購入

病院食や社員食堂で使用する食材の仕入れほか飲食料品の購入については、軽減税率の対象となりますか。また、病院食等を業務委託している場合の委託料については軽減税率の対象となりますか。

Answer

病院食や社員食堂で使用する食材の仕入れほか飲食料品の購入について、軽減税率の取扱いは次のようになります。

(1)　購入する「飲食料品」については、軽減税率の対象となります。

「飲食料品」とは、人の飲用又は食用に供される、次のものが該当します。

①米穀や野菜、果実などの農産物、食肉や生乳、食用鳥卵などの畜産物、魚類や貝類、海藻類などの水産物

②めん類・パン類、菓子類、調味料、飲料等、その他製造又は加工された食品

③食品衛生法に規定する添加物など

(2)　酒税法に規定する酒類は軽減税率の対象とはなりません。ノンアルコールビールや甘酒など酒税法に規定する酒類に該当しない飲料については、軽減税率の対象となります。

(3)　みりんや料理酒が酒税法に規定する酒類に該当するものであれば、軽減税率の対象となりません。なお、酒税法に規定する酒類に該当しないみりん風調味料（アルコール分が一度未満のものに限ります。）については、軽減税率の対象となります。

また、病院食等を業務委託している場合の委託管理費については、「飲食料品の譲渡」に該当しないため軽減税率の対象とはなりません。

＜参考資料＞医療の消費税の課税・非課税区分一覧表

収入の種類	課税区分			根拠法令
	課	非	外	
健康保険（協会管掌、船員、日雇、組合管掌、自衛官等、共済組合、特例退職者医療）の医療		○		消法別表第二第6号イ
国民健康保険（市町村国保、組合国保）の医療		○		消法別表第二第6号イ
資格証明書による医療 特別療養費の対象者に対する医療（令和6年秋以降の予定）				
高齢者医療確保法に基づく医療		○		消法別表第二第6号ロ
精神保健福祉法の医療（任意入院・措置入院・医療保護入院等）、生活保護法の医療扶助、原子爆弾被爆者一般疾病医療、自立支援医療（旧精神通院医療、旧更生医療、旧育成医療）		○		消法別表第二第6号ハ
公害健康被害補償制度		○		消法別表第二第6号ニ
差額ベッド代	○			
労働者災害補償保険の医療（文書料を含む）		○		消法別表第二第6号ホ
差額ベッド代	○			
交通事故の医療・自賠責（ひき逃げ事故を含む）		○		消法別表第二第6号ヘ
自損事故（健康保険扱いの場合）		○		消法別表第二第6号イ
同上の同乗者で運転者から賠償を受けるべき立場にある者の療養		○		消法別表第二第6号ヘ

収入の種類	課税区分			根拠法令
	課	非	外	
差額ベッド代	○			
文書料	○			
予防接種健康被害救済制度にかかる医療		○		消令14①三 予防接種法15〜17
予防接種	○			
医薬品副作用被害救済制度にかかる医療		○		消令14①二十四
戦傷病者特別援護法の治療、感染症法の適正医療・命令入所		○		消令14①一 消令14①四
未熟児の養育医療		○		消令14①十二 母子保健法20
3歳児・1歳6ヶ月児健康診査	○			
3歳児・1歳6ヶ月児健康診査（2次診査）（精密検査）		○		
結核児童の療育給付 小児慢性特定疾患治療研究事業 児童福祉法及び知的障害者福祉法の措置医療 先天性血液凝固因子障害等治療研究事業 特定疾患治療研究事業		○		消令14①九 消令14①九 消令14①九 消令14①二十四 消令14①七
公務員災害補償の医療（文書料を含む）		○		消令14①十七、十九
差額ベッド代	○			
行旅病人及び行旅死亡人取扱法の医療		○		消令14①十三

収入の種類	課税区分			根拠法令
	課	非	外	
保険外併用療養費の保険算定部分		○		消法別表第二 第6号 カッコ書き 消基通6－6－3 保医発 第0929002号 H18.9.29通知
保険外併用療養費の差額徴収部分				
【評価療養（被保険者の負担）】				
先進医療				
医薬品、医療機器、再生医療等製品の治験に係る診療				
医薬品医療機器法承認後で保険収載前の医薬品、医療機器、再生医療等製品の使用				
薬価基準収載医薬品の適応外使用（用法・用量・効能・効果の一部変更の承認申請がなされたもの）		○		
保険適用医療機器、再生医療等製品の適応外使用（使用目的・効能・効果等の一部変更の承認申請がなされたもの）				
【評価療養（被保険者以外の負担）】 　治験スポンサー等被保険者以外から徴収する特別の料金	○			H19.2.23事務連絡（評価療養に係る費用の消費税の取扱い）
【患者申出療養】		○		消法別表第二 第6号 カッコ書き 消基通6－6－3
【選定療養】				
特別の療養環境（差額ベッド）				
歯科の金合金等	○			
金属床総義歯				
予約診療				

収入の種類	課税区分			根拠法令
	課	非	外	
時間外診療	○			消法別表第二 第6号 カッコ書き 消基通6-6-3
大病院の初診				
大病院の再診				
小児う蝕の指導管理				
180日以上の入院				
制限回数を超える医療行為				
水晶体再建に使用する多焦点眼内レンズ				
証明書・診断書（傷病手当金意見書交付料、感染予防法による診断書料・協力料等保険請求できるもの、労災の文書料は除く）	○			
保険証を提示しなかった場合の自由診療収入	○			
人間ドック	○			
美容整形、健康診断、医療相談、コンタクトレンズなどの自由診療	○			
歯科自由診療（メタルボンド・金属床義歯・アタッチメント義歯・ダミー3歯以上のブリッジ・一般的な歯科矯正等）	○			
正常妊娠・正常出産（妊娠しているかどうかの検査、妊娠判明以降の検診・入院、出産介助、出産後2ヶ月以内の母体の回復検診、新生児の入院及び入院中の検診、差額ベッド代等）		○		消法別表第二第8号 消基通6-8-1～3

収入の種類	課税区分			根拠法令
	課	非	外	
不妊治療（保険適用分）		○		
不妊治療（回数制限を超えた場合、自由診療）・人工中絶（保険適用外）	○			
死産・流産		○		消基通6-8-2(1)
国・地方公共団体からの利子補給金・緊急医療機関助成資金、僻地医療のための損失補償金等				
固定資産の取得・改良のための国庫補助金等			○	
身体障害者雇用調整金、雇用開発援助金等				
地方公共団体等から支払われる事務手数料	○			
生命保険会社・事業所・学校等嘱託医収入（給与所得とならないもの）	○			
学校医・事業所嘱託医・産業医等の収入、高齢者医療確保法の保健事業（院外で行うもの）、市町村との委託契約に基づく院外で行う予防接種・検診などで、給与所得となるもの			○	
往診・訪問診療等の交通費　入院患者のおむつ代　吸入用治療剤のための小型吸入器、通院用松葉杖の販売・レンタルによる収入（返金しない金額）	○			

収入の種類	課税区分			根拠法令
	課	非	外	
薬剤の容器代、自動販売機、歯ブラシ など物品販売 公衆電話等の収入 付添人等から徴収する食費 委託検査・技工料収入 電話・電気・テレビ・寝具等使用料収入、 洗濯代等	○			
医薬品仕入れ等に関するリベート・協 賛金、X線廃液の売却収入	○			
従業員等から徴収する食費、駐車場代、 院内保有の保育代	○			
従業員等から徴収する寮費		○		消法別表第二第13号
講演料・原稿料・出演料（給与所得）			○	
国税・地方税の還付金・還付加算金			○	
受取利子		○		消法別表第二第3号
受取配当金			○	
償却資産（建物・医療機器・車両等） の売却収入	○			
土地売却収入		○		消法別表第二第1号
有価証券売却収入		○		消法別表第二第2号
ゴルフ会員権売却収入（法人）	○			

※　課：課税、非：非課税、外：課税対象外

第3章
介護の消費税

Q 3-1 介護の消費税の基本的な考え方

介護の消費税の基本的な考え方を教えてください。

Answer

　介護の消費税に関しては、社会政策的な配慮から、法令等に列挙されているものは非課税となりますが、利用者の選択により利用できるサービスの中には課税となるものもあります。

1．消費税の非課税取引

　消費税の課税対象となる「国内において事業者が行う資産の譲渡等」のなかには、課税対象とすることになじまないものや、社会政策的な配慮から課税することが適当でないという理由から、非課税取引として消費税を課税しないものがあります（消法6①、別表第二）。

　このうち、介護保険サービスについては「介護保険法（平成9年法律第123号）の規定に基づく居宅介護サービス費の支給に係る居宅サービス（訪問介護、訪問入浴介護その他の政令で定めるものに限る。）、施設介護サービス費の支給に係る施設サービス（政令で定めるものを除く。）その他これらに類するものとして政令で定めるもの」と記載されており、これが非課税の根拠となります（別表第二⑦イ）。

消費税法別表第二に規定する非課税取引の概要

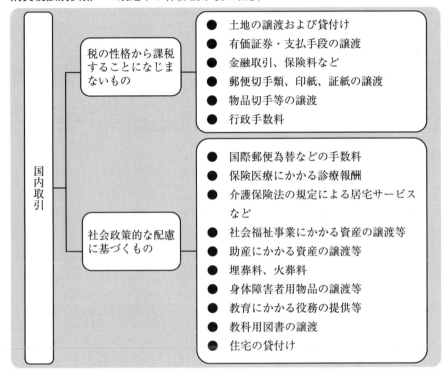

国内取引

税の性格から課税することになじまないもの
- 土地の譲渡および貸付け
- 有価証券・支払手段の譲渡
- 金融取引、保険料など
- 郵便切手類、印紙、証紙の譲渡
- 物品切手等の譲渡
- 行政手数料

社会政策的な配慮に基づくもの
- 国際郵便為替などの手数料
- 保険医療にかかる診療報酬
- 介護保険法の規定による居宅サービスなど
- 社会福祉事業にかかる資産の譲渡等
- 助産にかかる資産の譲渡等
- 埋葬料、火葬料
- 身体障害者用物品の譲渡等
- 教育にかかる役務の提供等
- 教科用図書の譲渡
- 住宅の貸付け

2．介護の消費税の基本的な考え方

　介護保険サービスは、社会政策的な配慮から課税することが適当でないという理由から、原則としては非課税となります。一方で介護保険制度では、介護保険サービス等の一環として「特別な食事」や「特別な居室」などを提供することが認められています。これら自己の選択により特別な付加サービスを受けるものについては、課税の公平性の観点から、消費税が非課税となる居宅サービス等から除かれているものもあります。

　つまり、別表第二に概要的に記載があるからといって、介護保険法に基づくすべての介護サービスが非課税となるわけではありません。居宅サービス、施設サービス、その他これに類するもの、それぞれについて、政令や通達において定めら

れていることに留意する必要があります。

基本的考え方	別表第二に列挙されていない		課税となる
	別表第二に列挙されている	政令等に定められていない 又は 政令等にて除外されている	
		政令等に定められている	非課税となる

（1）　施設介護サービス

<table>
<tr><td>**Q 3-2**</td><td>**特別養護老人ホーム**</td></tr>
</table>

特別養護老人ホームにおける消費税の取扱いについて教えてください。

Answer

以下のようになります。

課税となるもの
●要介護者（利用者）の選定による 　・特別な居室の利用に係る費用（差額部分） 　・特別な食事に係る費用（差額部分） （消基通6 - 7 - 1(2)イ） 　なお、利用者の選定に基づき提供される上記サービスについては、通常のサービスを利用した場合の費用との差額部分のみが課税となることに注意が必要です。 （事務連絡3(3)ウ）

非課税となるもの
●特別養護老人ホームに入所する要介護者について行われる介護福祉施設サービス費（利用者負担金を含む）。 （消基通6 - 7 - 1(2)イ） （事務連絡3(2)） ●介護保険給付の対象から除かれる日常生活に要する費用 （消基通6 - 7 - 2(2)） 　・食事の提供に要する費用 　・居住に要する費用 　・理美容代 　・その他日常生活においても通常必要となるものに係る費用であって、入所者及び入居者に負担させることが適当と認められるもの （事務連絡3(3)イ⑤）

Q 3-3　介護老人保健施設

介護老人保健施設における消費税の取扱いについて教えてください。

Answer

以下のようになります。

課税となるもの
●要介護者（利用者）の選定による 　・特別な療養室の利用に係る費用（差額部分） 　・特別な食事に係る費用（差額部分）　　　　　　　（消基通6－7－1(2)ロ） 　なお、利用者の選定に基づき提供される上記サービスについては、通常の サービスを利用した場合の費用との差額部分のみが課税となることに注意が 必要です。　　　　　　　　　　　　　　　　　　　　　（事務連絡3(3)ウ）
非課税となるもの
●介護保険法の規定により都道府県知事の許可を受けた介護老人保健施設に入 所する要介護者について行われる介護保健施設サービス費（利用者負担金を 含む）。　　　　　　　　　　　　　　　　　　　（消基通6－7－1(2)ロ） 　　　　　　　　　　　　　　　　　　　　　　　　　　（事務連絡3(2)） ●介護保険給付の対象から除かれる日常生活に要する費用 　　　　　　　　　　　　　　　　　　　　　　　（消基通6－7－2(2)） 　・食事の提供に要する費用 　・居住に要する費用 　・理美容代 　・その他日常生活においても通常必要となるものに係る費用であって、入 　　所者及び入居者に負担させることが適当と認められるもの 　　　　　　　　　　　　　　　　　　　　　　　（事務連絡3(3)イ⑥）

Q 3-4　介護療養型医療施設

介護療養型医療施設における消費税の取扱いについて教えてください。

Answer

以下のようになります。

課税となるもの
●要介護者（利用者）の選定による 　・特別な病室等（居室、療養室、病室）の利用に係る費用（差額部分） 　・特別な食事に係る費用（差額部分）　　　　　（消基通6－7－1(6)） 　　なお、利用者の選定に基づき提供される上記サービスについては、通常の サービスを利用した場合の費用との差額部分のみが課税となることに注意が 必要です。 　　　　　　　　　　　　　　　　　　　　　　　　　　　（事務連絡3(3)ウ）

非課税となるもの
●介護療養型医療施設の療養病床等に入院する要介護者について行われる介護 療養施設サービス費（利用者負担金を含む）。 　　　　　　　　　　　　　　　　　　　　　　　　　（消基通6－7－1(6)） 　　　　　　　　　　　　　　　　　　　　　　　　　　　（事務連絡3(2)） ●介護保険給付の対象から除かれる日常生活に要する費用 　　　　　　　　　　　　　　　　　　　　　　　　　（消基通6－7－2(2)） 　・食事の提供に要する費用 　・居住に要する費用 　・理美容代 　・その他日常生活においても通常必要となるものに係る費用であって、そ 　　の入院患者に負担させることが適当と認められるもの 　　　　　　　　　　　　　　　　　　　　　　　　　（事務連絡3(3)イ⑦）

Q 3-5　介 護 医 療 院

介護医療院における消費税の取扱いについて教えてください。

Answer

以下のようになります。

課税となるもの
●要介護者（入所者）の選定による 　・特別な療養室の利用に係る費用（差額部分） 　・特別な食事に係る費用（差額部分）　　　　（消基通6－7－1(2)ハ） 　なお、入所者の選定に基づき提供される上記サービスについては、通常のサービスを利用した場合の費用との差額部分のみが課税となることに注意が必要です。
非課税となるもの
●介護医療院の療養室に入所する要介護者について行われる介護医療院サービス費（利用者負担金を含む）。 　　　　　　　　　　　　　　　　　　　　　（消基通6－7－1(2)ハ） ●介護保険給付の対象から除かれる日常生活に要する費用 　　　　　　　　　　　　　　　　　　　　　（消基通6－7－2(2)） 　・食事の提供に要する費用 　・居住に要する費用 　・理美容代 　・その他日常生活においても通常必要となるものに係る費用であって、その入院患者に負担させることが適当と認められるもの 　（消令14の2③四、介護保険法48、介護保険法施行規則79）

Q 3-6　施設介護サービスで非課税になる費用

特別養護老人ホーム等の施設介護サービスで消費税が非課税となる「その他日常生活においても通常必要となるものに係る費用であって、その入院患者に負担させることが適当と認められるもの」は、具体的にどのような費用をいうのですか。

Answer

　入院患者（入所者等）の希望によって、「身の回り品として日常生活に必要なもの」を施設が提供する場合に係る費用をいいます（老企第54号　別紙(4)①）。

　具体的には、入所者等の日常生活に最低限必要と考えられる物品（例えば、歯ブラシや化粧品、シャンプー、タオル等の個人用の日用品等）であって、入所者等の希望を確認した上で提供されるものです。したがって、こうした物品を施設がすべての利用者に対して一律に提供し、すべての利用者からその費用を画一的に徴収することは認められていません（老企第54号　別紙(7)①）。

　なお、施設により行われる便宜の供与であっても、サービスの提供と関係のないもの（入所者等の嗜好品の購入等）については、「その他の日常生活費」には該当せず、消費税は課税となります。

Q 3−7 施設におけるクラブ活動や行事の費用

施設がサービス提供の一環として実施するクラブ活動や行事における材料費等の消費税の取扱いはどうなりますか。

Answer

　入所者等の希望によって「教養娯楽として日常生活に必要なもの」を施設が提供する場合に係る費用の消費税は非課税となります（老企第54号　別紙(4)②）。

　ただし、すべての利用者等に一律に提供される教養娯楽に係る費用（共用の談話室等にあるテレビやカラオケ設備の使用料等）については、「その他の日常生活費」として徴収することは認められていません（老企第54号　別紙(7)②）。

Q 3-8　介護施設サービスとしてのインフルエンザ予防接種費用

介護施設サービスの一環として提供するインフルエンザ予防接種に係る費用の消費税の取扱いはどうなりますか。

Answer

介護施設サービスの一環として提供するインフルエンザ予防接種に係る費用等の健康管理費等については、日常生活上の便宜に係る経費に該当し、消費税は非課税となります（老企第54号　別紙(4)③）。

Q 3-9 入所者からの預り金の出納管理費用

当事業所では、介護施設サービスを提供するにあたり入所者からの預り金がありますが、この預り金の出納管理に係る費用の消費税の課税関係はどうなりますか。

Answer

預り金の出納管理に係る費用は消費税は非課税となります（老企第54号　別紙(4)④）。

なお、預り金の出納管理に係る費用を入所者等から徴収する場合には、

イ）　責任者及び補助者が選定され、印鑑と通帳が別々に保管されていること

ロ）　適切な管理が行われていることの確認が複数の者により常に行える体制で出納事務が行われること

ハ）　入所者等との保管依頼書（契約書）、個人別出納台帳等、必要な書類を備えていること

等が満たされ、適正な出納管理が行われることが要件となります。

また、入所者等から出納管理に係る費用を徴収する場合には、その積算根拠を明確にし、適切な額を定めることとし、例えば、預り金の額に対し、月当たり一定割合とするような取扱いは認められていませんので注意が必要です（老企第54号　別紙(7)③）。

Q 3-10 クラブ活動や行事の材料費等の利用者負担分

　当事業所では、サービス提供の一環として、習字や刺繍等のクラブ活動を行っており、その材料費の一部を利用者に負担してもらっていますが、この材料費について消費税の取扱いはどうなりますか。

Answer

　事業者等が、サービスの提供の一環として実施するクラブ活動や行事のうち、一般的に想定されるもの（例えば、作業療法等機能訓練の一環として行われるクラブ活動や入所者等が全員参加する定例行事）における材料費等は保険給付の対象に含まれることから別途徴収することはできませんが、サービスの提供の一環として実施するクラブ活動や行事のために調達し、提供する材料であって、利用者に負担させることが適当と認められるもの（例えば、習字、お花、絵画、刺繍等のクラブ活動等の材料費）に係る費用は、教養娯楽に要する費用として「その他の日常生活費」に該当するため消費税は非課税となります（老企第54号〔参考〕「その他の日常生活費」に係るQ＆A　問8）。

Q 3-11 特別養護老人ホームにおける 「特別な居室」の基準

特別養護老人ホームにおいて、消費税が課税となる「特別な居室」の基準について教えてください。

Answer

特別養護老人ホーム（指定介護老人福祉施設）による入所者及び入居者（以下「入所者等」といいます。）が選定する「特別な居室」の提供に係る基準は以下のようになります（厚生省告示第123号一ハ）。

① 特別な居室の定員が、1人又は2人であること。

② 特別な居室の定員の合計数を入所者等の定員で除して得た数が、おおむね100分の50を超えないこと。

③ 特別な居室の入所者等1人当たりの床面積が、10.65㎡以上であること。

④ 特別な居室の施設、設備等が、利用料のほかに特別な居室の提供を行ったことに伴い必要となる費用の支払を入所者等から受けるのにふさわしいものであること。

⑤ 特別な居室の提供が、入所者等への情報提供を前提として入所者等の選択に基づいて行われるものであり、サービス提供上の必要性から行われるものでないこと。

⑥ 特別な居室の提供を行ったことに伴い必要となる費用の額が、運営規程に定められていること。

Q 3-12 介護老人保健施設における「特別な療養室」の基準

　介護老人保健施設において、消費税が課税となる「特別な療養室」の基準について教えてください。

Answer

　介護老人保健施設において、入所者等が選定する「特別な療養室」の基準は以下のようになります（厚生省告示第123号一ニ）。

① 特別な療養室の定員が、1人又は2人であること。

② 特別な療養室の定員の合計数を入所者等の定員で除して得た数が、おおむね100分の50を超えないこと。

③ 特別な療養室の入所者等1人当たりの床面積が、8㎡以上であること。

④ 特別な療養室の施設、設備等が、利用料のほかに特別な療養室の提供を行ったことに伴い必要となる費用の支払を入所者等から受けるのにふさわしいものであること。

⑤ 特別な療養室の提供が、入所者等への情報提供を前提として入所者等の選択に基づいて行われるものであり、サービス提供上の必要性から行われるものでないこと。

⑥ 特別な療養室の提供を行ったことに伴い必要となる費用の額が、運営規程に定められていること。

Q 3-13 介護医療院における「特別な療養室」の基準

介護医療院において、消費税が課税となる「特別な療養室」の基準について教えてください。

Answer

介護医療院において、入所者等が選定する「特別な療養室」の基準は以下のようになります（厚生省告示第123号一へ）。

① 特別な療養室の定員が、1人又は2人であること。

② 特別な療養室の定員の合計数を入所者等の定員で除して得た数が、おおむね100分の50を超えないこと。

③ 特別な療養室の入所者等の1人当たりの床面積が、8㎡以上であること。

④ 特別な療養室の施設、設備等が、利用料のほかに特別な療養室の提供を行ったことに伴い必要となる費用の支払いを入所者等から受けるのにふさわしいものであること。

⑤ 特別な療養室の提供が、入所者等への情報提供を前提として入所者等の選択に基づいて行われるものであり、サービス提供上の必要性から行われるものでないこと。

⑥ 特別な療養室の提供を行ったことに伴い必要となる費用の額が、運営規程に定められていること。

Q 3−14　指定介護療養型医療施設における 「特別な病室」の基準

　指定介護療養型医療施設において、消費税が課税となる「特別な病室」の基準について教えてください。

Answer

　指定介護療養型医療施設において、入院患者が選定する「特別な病室」の基準は以下のようになります（厚生省告示第123号一ホ）。

① 特別な病室の定員が、1人又は2人であること。

② 特別な病室の定員の合計数を入院患者の定員で除して得た数が、おおむね100分の50（国が開設する病院又は診療所であるものにあっては100分の20、地方公共団体が開設する病院又は診療所であるものにあっては100分の30）を超えないこと。

③ 特別な病室の入院患者1人当たりの床面積が、6.4㎡以上であること。

④ 特別な病室の施設、設備等が、利用料のほかに特別な病室の提供を行ったことに伴い必要となる費用の支払を入院患者から受けるのにふさわしいものであること。

⑤ 特別な病室の提供が、入院患者への情報提供を前提として入院患者の選択に基づいて行われるものであり、サービス提供上の必要性から行われるものでないこと。

⑥ 特別な病室の提供を行ったことに伴い必要となる費用の額が、運営規程に定められていること。

Q 3-15 施設介護サービスにおける「特別な食事」の基準

施設介護サービスにおいて、消費税が課税となる「特別な食事」について教えてください。

Answer

消費税が課税となる利用者等が選定する特別な食事の提供に係る基準は、以下のようになります（厚生省告示第123号二）。

① 特別な食事の内容等について

　イ　利用者等が選定する特別な食事（以下「特別な食事」といいます。）が、通常の食事の提供に要する費用の額では提供が困難な高価な材料を使用し、特別な調理を行うなど、通常の食事の提供に係る利用料の額を超えて必要な費用につき支払を受けるのにふさわしいものであることが必要です。

　ロ　医師との連携の下に管理栄養士又は栄養士による利用者等ごとの医学的及び栄養学的な管理が行われ、食堂、食器等の食事の提供を行う環境についての衛生管理がなされ、特別な食事を提供することによって特別な食事以外の食事の質を損なわない等の配慮が必要になります。

② 特別な食事に係る利用料の額について

　特別な食事に係る利用料の額については、特別な食事を提供することに要した費用から通常の食事の提供に係る利用料の額を控除した額となります。

③ その他「特別な食事」の提供で注意が必要なこと

　イ　特別な食事の提供は、予め利用者等又はその家族に対し十分な情報提供を行い、利用者等の自由な選択と同意に基づき、特定の日に予め特別な食事を選択できるようにすることとし、利用者等の意に反して特別な食事が提供されることのないようにしなければなりません。

　ロ　利用者等又はその家族へ情報提供をするために、事業所等の見やすい場所に次の事項について掲示する必要があります。

（ⅰ）　事業所等において毎日、又は予め定められた日に、予め希望した利用者等に対して、利用者等が選定する特別な食事の提供を行えること。

（ⅱ）　特別な食事の内容及び料金

ハ　特別な食事を提供する場合は、利用者等の身体状況に支障がないように医師の確認を得る必要があります。

ニ　特別な食事の提供に係る契約に当たっては、通常の食事に係る利用料の追加的費用であることを利用者等又はその家族に対し、明確に説明した上で契約を締結することが必要になります。

Q 3-16 入所者から費用を徴収した場合の 「嗜好品」「贅沢品」

入所者の嗜好に基づく「嗜好品」「贅沢品」について入所者から費用を徴収した場合において、消費税の取扱いはどうなりますか。

Answer

　入所者等の日常生活に必要と考えられる物品であっても、個人の嗜好に基づくいわゆる「嗜好品」「贅沢品」については、日常生活に最低限必要と考えられるものではないため、サービス提供とは関係のない費用として徴収は可能です。しかし、その費用はいわゆる日常生活費とは区別されるべきものであるため、消費税は課税となります(老企第54号〔参考〕「その他の日常生活費」に係るQ&A　問2)。

　なお、個人用の日用品については、一般的に利用者の日常生活に必要と考えられるものであれば、利用者の個別の希望に応じて、事業者等が利用者の代わりにある日用品を購入し、その購入代金を利用者に請求する場合があります。このように個人のために単に立て替え払いをするような場合は、事業者等として提供する便宜とは言えないため、その費用もいわゆる日常生活費には該当せず、サービスの提供とは関係のない費用として徴収を行うことになります(老企第54号〔参考〕「その他の日常生活費」に係るQ&A　問4)。

Q 3−17　入所者の希望により購入した新聞・雑誌等の代金

入所者の希望により購入した新聞・雑誌代金の消費税の取扱いについて教えてください。

Answer

個人の希望に応じて事業者等が代わって購入する新聞、雑誌等の代金は、全くの個別の希望に応える場合は事業者等として提供する便宜とは言えず、教養娯楽に係るいわゆる日常生活費に該当しません。したがって、サービス提供とは関係のない費用として徴収を行うこととなり、消費税は課税となります（老企第54号〔参考〕「その他の日常生活費」に係るＱ＆Ａ　問7）。

Q 3-18 施設事業者が実施した旅行等の旅費

当事業所において利用者の希望を募って旅行を実施し、参加者から旅費を徴収しましたが、この場合の消費税の取扱いはどうなりますか。

Answer

事業者等が実施するクラブ活動や行事であっても、一般的に想定されるサービスの提供の範囲を超えるもの（利用者の趣味的活動に関し事業者等が提供する材料等や、希望者を募り実施する旅行等）に係る費用については、いわゆる日常生活費とは区別されるべきものであるため、消費税は課税となります（老企第54号〔参考〕「その他の日常生活費」に係るＱ＆Ａ　問8）。

Q 3-19 施設介護サービス事業所内の個人専用の電気代

施設介護サービスの事業所において、個人専用の家電製品の電気代は利用者に請求することはできますか。また、その際の消費税の取扱いを教えてください。

Answer

個人専用の家電製品の電気代は、サービス提供とは関係のない費用として徴収は可能ですが、その費用はいわゆる日常生活費とは区別されるべきものであるため、消費税は課税となります（老企第54号〔参考〕「その他の日常生活費」に係るQ＆A　問5）。

Q 3-20 施設内のコインランドリー料金

施設にあるコインランドリー料金の消費税の取扱いはどうなりますか。

Answer

　施設にコインランドリーがある場合の料金については、施設が洗濯サービスを提供しているわけではないので、「私物の洗濯代」としての日常生活費には該当しません。したがって、消費税は課税となります（老企第54号〔参考〕「その他の日常生活費」に係るＱ＆Ａ　問6）。

Q 3-21　その他の収入

その他の収入について消費税の取扱いを教えて下さい。

Answer

・要介護認定申請代行費用については消費税は課税となります。

・施設の入所者に対する医師の診断書料については、消費税は課税となります。

・施設において、職員や外来者が施設の提供する給食を食べた場合の給食費収入については、消費税は課税となります。

・施設内売店の販売収入については、消費税は課税となります。なお、施設にある自動販売機や公衆電話の手数料収入についても、消費税は課税となります。

・実習生の受入れ収入については、消費税は課税となります。

・不在者投票

　不在者投票制度は、投票日当日に用務等があると見込まれる選挙人に対しできるだけ投票の機会を与えようと設けられた制度で、都道府県選挙管理委員会が指定した病院・老人ホーム等の指定施設に入院又は入所中の選挙人が、その施設内で不在者投票を行うことができるようになっています。

　これらは、選挙の公正性を期すなど、労力と事務経費を要し、一定の特別経費を請求することができます。

　したがって対価性がありますので消費税は課税となります。

（２）　居宅介護サービス

Q 3-22　居宅介護サービス

居宅介護サービスの消費税の取扱いについて教えてください。

Answer

　介護保険法の規定に基づき、「指定居宅サービス事業者」により行われる「訪問介護」「訪問入浴介護」「訪問看護」「訪問リハビリテーション」「居宅療養管理指導」「通所介護」「通所リハビリテーション」「短期入所生活介護」「短期入所療養介護」及び「特定施設入居者生活介護」（以下「訪問介護等」とします。）は消費税が非課税となります（消令14の2①）。したがって、指定居宅サービス事業者により行われる訪問介護等であれば、居宅要介護被保険者の利用料を含めた介護保険サービス全体が非課税となるとともに、居宅介護サービス費支給限度額を超えて行われる訪問介護等についても非課税となります。

　ただし、これらの介護保険サービスの一環として提供されるサービスであっても、利用者の選定に基づき提供されるサービスについては、非課税となりませんので注意が必要です（消基通6-7-2）。

Q 3-23 訪 問 介 護

訪問介護の消費税の取扱いについて教えてください。

Answer

以下のようになります。

課税となるもの
●利用者の選定により通常の事業の実施地域以外の地域の居宅において指定訪問介護を行う場合の、それに要した交通費 　訪問介護（ホームヘルプ）はいわゆる担当地域制で、利用者は基本的には自分の住む地域内のサービスを利用しますが、希望すれば他の地域のサービスを選択することもできます。この場合、サービスを行う事業者は通常の事業の地域を出てサービスを行うことになり、その分の交通費は介護保険サービス費の支給の対象外となるため、事業者は利用者から交通費を直接受け取ることができます（指定居宅サービス基準20③）。この交通費に関しては、消費税の非課税措置の対象外とされ、課税対象になります。 （事務連絡3(3)ウ①）

非課税となるもの
●居宅要介護者等の居宅において介護福祉士等が行う訪問介護 　・訪問介護費（利用者負担金を含む） （消令14の2） （消基通6-7-1(1)イ） （事務連絡3(2)）
●サービス費支給限度額を超えて行われる訪問介護の費用 　消費税法及び消費税法施行令に規定する「居宅介護サービス費の支給に係る」とは、介護保険法の規定に基づいて要介護被保険者等に対して支給される居宅介護サービス費に対応するサービスに限定するものではなく、非課税

となる居宅サービスの種類を介護保険法に規定する居宅サービスとして特定する規定です。したがって、介護保険法に規定する居宅サービスのサービス費支給限度額を超えて提供される居宅サービスのように、居宅介護サービス費が支給されないサービスであっても、要介護被保険者等に対して提供される居宅サービスについては、消費税は非課税となります。

(消基通 6 - 7 - 2(1))

Q 3-24　訪問入浴介護

訪問入浴介護の消費税の取扱いについて教えてください。

Answer

以下のようになります。

課税となるもの
●利用者の選定により通常の事業の実施地域以外の地域の居宅において指定訪問入浴介護を行う場合の、それに要した交通費 　　訪問入浴介護も訪問介護と同様、担当地域制で、利用者は基本的には自分の住む地域内のサービスを利用しますが、希望すれば他の地域のサービスを選択することもできます。その場合の交通費は介護保険サービス費の支給の対象外となるため、事業者は利用者から交通費を直接受け取ることができます（指定居宅サービス基準48③）。この交通費に関しては、消費税の非課税措置の対象外とされ、課税対象となります。 <div align="right">（事務連絡3(3)ウ②）</div> ●利用者の選定による特別な浴槽水等の費用 　　利用者が特別な浴槽水、すなわち温泉水や特別な入浴剤等の利用を希望した場合の別途料金（指定居宅サービス基準48③）についても課税対象になります。 <div align="right">（事務連絡3(3)ウ②）</div>

非課税となるもの
●居宅要介護者等の居宅を訪問し、浴槽を提供して行われる訪問入浴介護 　・訪問入浴介護費（利用者負担金を含む） 　・介護予防訪問入浴介護費（利用者負担金を含む） <div align="right">（消令14の2）</div><div align="right">（消基通6-7-1(1)ロ、(7)）</div>

（事務連絡3⑵）

●サービス費支給限度額を超えて行われる訪問入浴介護の費用

（消基通6－7－2⑴）

Q 3-25　訪問看護及び訪問リハビリテーション

　訪問看護及び訪問リハビリテーションの消費税の取扱いについて教えてください。

Answer

以下のようになります。

課税となるもの
利用者の選定により通常の事業の実施地域以外の地域の居宅において指定訪問看護及び指定訪問リハビリテーションを行う場合の、それに要した交通費 　　訪問看護・訪問リハビリテーションも訪問介護と同様に、担当地域制で、利用者は基本的には自分の住む地域内のサービスを利用しますが、希望すれば他の地域のサービスを選択することもできます。その場合の交通費は介護保険サービス費の支給の対象外となるため、事業者は利用者から交通費を直接受け取ることができます（指定居宅サービス基準66③、78③）。この交通費に関しては、消費税の非課税措置の対象外とされ、課税対象になります。 （事務連絡3(3)ウ①）
非課税となるもの
●居宅要介護者等の居宅において看護師等が行う訪問看護 　・訪問看護費（利用者負担金を含む） 　・介護予防訪問看護費（利用者負担金を含む） ●居宅要介護者等の居宅において行う訪問リハビリテーション 　・訪問リハビリテーション費（利用者負担金を含む） 　・介護予防訪問リハビリテーション費（利用者負担金を含む） （消令14の2） （消基通6-7-1(1)ハ、ニ、(7)） （事務連絡3(2)）

●サービス費支給限度額を超えて行われる訪問看護・訪問リハビリテーション
の費用

（消基通 6 － 7 － 2(1)）

Q 3-26 通所介護及び通所リハビリテーション

通所介護及び通所リハビリテーションの消費税の取扱いについて教え
てください。

Answer

以下のようになります。

課税となるもの
●利用者の選定により通常の事業の実施地域以外の地域に居住する利用者に対して行う送迎に要する費用 （消基通6-7-1(1)ヘ、ト） （事務連絡3(3)ウ④） （指定居宅サービス基準96③一、119）

非課税となるもの
●居宅要介護者等について特別養護老人ホーム、養護老人ホーム、老人福祉センター、老人デイサービスセンター等の施設に通わせて行う通所介護 　・通所介護費（利用者負担金を含む） ●居宅要介護者等について介護老人保健施設、病院、診療所等に通わせて行う通所リハビリテーション 　・通所リハビリテーション費（利用者負担金を含む） 　・介護予防通所リハビリテーション費（利用者負担金を含む） （消令14の2） （消基通6-7-1(1)ヘ、ト、(7)） （事務連絡3(2)） ●サービス費支給限度額を超えて行われる通所介護・通所リハビリテーションの費用 （消基通6-7-2(1)）

●時間延長に伴う時間延長部分

　・利用者の選定により通常要する時間を超えて行われる通所介護・通所リ
　　ハビリテーションの費用

（事務連絡 3 (3)イ①）

（指定居宅サービス基準96③二、119）

●介護保険給付の対象から除かれる日常生活に要する費用

（消基通 6 - 7 - 2(2)）

　・食事の提供に要する費用

　・おむつ代

　・その他日常生活においても通常必要となるものに係る費用であって、そ
　　の利用者に負担させることが適当と認められるもの

（事務連絡 3 (3)イ①）

（指定居宅サービス基準96③三～五、119）

Q 3-27 短期入所生活介護及び短期入所療養介護

　短期入所生活介護及び短期入所療養介護の消費税の取扱いについて教えてください。

Answer

以下のようになります。

課税となるもの
●要介護者等（利用者）の選定による特別な居室及び療養室等の利用に係る費用（差額部分） 　　　　　　　　　　　　　　　　　　　　　（消基通6-7-1(1)チ、リ） 　なお、利用者の選定に基づき提供される上記サービスについては、通常のサービスを利用した場合の費用との差額部分のみが課税となることに注意が必要です。 　　　　　　　　　　　　　　　　　　　　　　（事務連絡3(3)ウ⑤、⑥） ●要介護者等（利用者）の選定による特別な食事に係る費用（差額部分） 　「特別な食事」の具体的内容については施設介護サービスのQ3-15をご参照ください。 　　　　　　　　　　　　　　　　　　　　　（消基通6-7-1(1)チ、リ） 　なお、利用者の選定に基づき提供される上記サービスについては、通常のサービスを利用した場合の費用との差額部分のみが課税となることに注意が必要です。 　　　　　　　　　　　　　　　　　　　　　　（事務連絡3(3)ウ⑤、⑥） ●利用者の送迎に要する費用 　　　　　　　　　　　　　　　　　　　　　（消基通6-7-1(1)チ、リ） 　　　　　　　　　　　　　　　　　　　　　　（事務連絡3(3)ウ⑤、⑥）

非課税となるもの
●居宅要介護者等について特別養護老人ホーム、養護老人ホーム、老人短期入所施設等に短期間入所させて行う短期入所生活介護 　・短期入所生活介護費（利用者負担金を含む） 　・介護予防短期入所生活介護費（利用者負担金を含む） ●居宅要介護者等について介護老人保健施設及び療養病床等を有する病院等に短期間入所させて行う短期入所療養介護 　・短期入所療養介護費（利用者負担金を含む） 　・介護予防短期入所療養介護費（利用者負担金を含む） <div align="right">（消令14の２） （消基通６－７－１(1)チ、リ、(7)） （事務連絡３(2)）</div>●サービス費支給限度額を超えて行われる短期入所生活介護及び短期入所療養介護の費用 <div align="right">（消基通６－７－２(1)）</div>●介護保険給付の対象から除かれる日常生活に要する費用 <div align="right">（消基通６－７－２(2)）</div>　・食事の提供に要する費用 　・滞在に要する費用 　・理美容代 　・その他日常生活においても通常必要となるものに係る費用であって、その利用者に負担させることが適当と認められるもの <div align="right">（事務連絡３(3)イ②） （指定居宅サービス基準127③一、二、六、七、145③一、二、六、七）</div>　なお、短期入所生活介護及び短期入所療養介護の利用者のおむつに係る費用については、保険給付の対象とされていますので、おむつ代を始め、おむつカバー代及びこれらに係る洗濯代等おむつに係る費用は一切徴収できません。 <div align="right">（老企第54号　別紙(7)④）</div>

Q 3−28　「利用者の選定による特別な居室」

指定短期入所生活介護事業者又は指定介護予防短期入所生活介護事業者において、消費税が課税となる「利用者の選定による特別な居室」の基準を教えてください。

Answer

　厚生労働大臣の定める基準に基づいて利用者が選定する特別な居室（国若しくは地方公共団体の負担若しくは補助又はこれらに準ずるものを受けて建築され、買収され、又は改造されたものを除く。）の提供を行ったことに伴い必要となる費用となります（指定居宅サービス基準127③三）。

　具体的な特別な居室の提供に係る基準は以下の通りです（厚生省告示第123号一イ）。

(1)　特別な居室の定員が、1人又は2人であること。

(2)　指定居宅サービス等の事業の人員、設備及び運営に関する基準（平成11年厚生省令第37号。以下「指定居宅サービス基準」という。）第121条第2項の規定の適用を受けない指定短期入所生活介護事業所又は指定介護予防サービス等の事業の人員、設備及び運営並びに指定介護予防サービス等に係る介護予防のための効果的な支援の方法に関する基準(平成18年厚生労働省令第35号。以下「指定介護予防サービス基準」という。）第129条第2項の規定の適用を受けない指定介護予防短期入所生活介護事業所にあっては、特別な居室の定員の合計数を利用定員で除して得た数が、おおむね100分の50を超えないこと。なお、同一事業所において、指定短期入所生活介護及び指定介護予防短期入所生活介護を一体的に行う場合には、当該事業所の全体の定員を算定の基礎とします。

(3)　指定居宅サービス基準第121条第2項の規定の適用を受ける指定短期入所生活介護事業所又は指定介護予防サービス基準第129条第2項の規定の適用を受ける指定介護予防短期入所生活介護事業所にあっては、特別な居室の定員の合

計数を入所定員で除して得た数が、おおむね100分の50を超えないこと。なお、同一事業所において、指定短期入所生活介護及び指定介護予防短期入所生活介護を一体的に行う場合には、当該事業所の全体の定員を算定の基礎とします。

⑷　特別な居室の利用者１人当たりの床面積が、10.65㎡以上であること。

⑸　特別な居室の施設、設備等が、利用料のほかに特別な居室の提供を行ったことに伴い必要となる費用の支払を利用者から受けるのにふさわしいものであること。

⑹　特別な居室の提供が、利用者への情報提供を前提として利用者の選択に基づいて行われるものであり、サービス提供上の必要性から行われるものでないこと。

⑺　特別な居室の提供を行ったことに伴い必要となる費用の額が、運営規程に定められていること。

Q 3-29 「利用者の選定による特別な療養室」

　　指定短期入所療養介護事業者又は指定介護予防短期入所療養介護事業者において消費税が課税となる「利用者の選定による特別な療養室等」の基準を教えてください。

Answer

　厚生労働大臣の定める基準に基づいて利用者が選定する特別な療養室（国若しくは地方公共団体の負担若しくは補助又はこれらに準ずるものを受けて建築され、買収され、又は改造されたものを除く。）の提供を行ったことに伴い必要となる費用となります（指定居宅サービス基準145③三）。

　具体的な特別な療養室等の提供に係る基準は以下の通りです（厚生省告示第123号一ロ）。

(1)　特別な療養室等の定員が、1人又は2人であること。

(2)　特別な療養室等の定員の合計数を入院患者又は入所者の定員で除して得た数が、おおむね100分の50（国が開設する病院又は診療所であるものにあっては100分の20、地方公共団体が開設する病院又は診療所であるものにあっては100分の30）を超えないこと。なお、同一事業所において、指定短期入所療養介護及び指定介護予防短期入所療養介護を一体的に行う場合には、当該事業所の全体の定員を算定の基礎とします。

(3)　特別な療養室等の利用者1人当たりの床面積が、介護老人保健施設又は介護医療院である指定短期入所療養介護事業所又は指定介護予防短期入所療養介護事業所にあっては8㎡以上、病院又は診療所である指定短期入所療養介護事業所又は指定介護予防短期入所療養介護事業所にあっては6.4㎡以上であること。

(4)　特別な療養室等の施設、設備等が、利用料のほかに特別な療養室等の提供を行ったことに伴い必要となる費用の支払を利用者から受けるのにふさわしいものであること。

⑸　特別な療養室等の提供が、利用者への情報提供を前提として利用者の選択に基づいて行われるものであり、サービス提供上の必要性から行われるものでないこと。

⑹　特別な療養室等の提供を行ったことに伴い必要となる費用の額が、都道府県知事に提出した運営規程に定められていること。

Q 3-30　居宅療養管理指導

居宅療養管理指導の消費税の取扱いについて教えてください。

Answer

以下のようになります。

課税となるもの
●指導に要する交通費 <div align="right">（事務連絡3(3)ウ③）</div> <div align="right">（指定居宅サービス基準87③）</div>
非課税となるもの
●居宅要介護者等について病院、診療所又は薬局の医師、歯科医師、薬剤師、歯科衛生士、管理栄養士等が行う居宅療養管理指導 　・居宅療養管理指導費（利用者負担金を含む） 　・介護予防居宅療養管理指導費（利用者負担金を含む） <div align="right">（消令14の2）</div> <div align="right">（消基通6-7-1(1)ホ、(7)）</div> <div align="right">（事務連絡3(2)）</div>

Q 3-31 特定施設入居者生活介護

有料老人ホーム、養護老人ホーム、軽費老人ホーム等の特定施設にお
ける入居者に対する生活介護の消費税の取扱いについて教えてください。

Answer

「特定施設入居者生活介護」とは1.有料老人ホーム（サービス付き高齢者向け
住宅で該当するものを含む）、2.養護老人ホーム、3.軽費老人ホームのうち定め
られた基準を満たして都道府県知事の事業者指定を受けた施設を指します。

このような特定施設にかかる消費税については、消費税法基本通達6-7-1
(1)、(4)において、有料老人ホーム、養護老人ホーム及び軽費老人ホームに入居し
ている要介護者について行う特定施設入居者生活介護については非課税と規定さ
れています。すなわち、入居している介護保険の要介護者等に対して、介護計画
に従って当該ホームにおいて行われる入浴、排せつ若しくは食事の介護又はその
他の日常生活上必要な便宜の供与については消費税は非課税となります。また要
介護者等から収受するおむつ代についても非課税となります。

ただし、利用者の選定により提供される介護その他の日常生活上の便宜に要す
る費用（個別の介護のための費用）及び食事の提供は課税となりますので注意が
必要です。老企第52号では施設が受領できる介護保険の給付対象外サービス費用
として、個別的な外出介助のための費用、個別的な買い物等の代行のための費用、
標準的な回数を超えた入浴を行った場合の介助のための費用を挙げています。

課税となるもの
●利用者の選定により提供される介護その他の日常生活上の便宜に要する費用 （指定居宅サービス基準182③一）

特定施設入居者生活介護事業者が受領する介護保険の
給付対象外の介護サービス費用について

（老企第52号）

1　利用料の範囲

　　　（省略）

2　保険給付対象外の介護サービス費用を受領できる場合

　　　（省略）

　(1)　人員配置が手厚い場合の介護サービス利用料

　　　　（省略）

　(2)　個別的な選択による介護サービス利用料

　　　あらかじめ特定施設入居者生活介護として包括的かつ標準的に行う
　　ものとして定めた介護サービスとは別に、利用者の特別な希望により
　　行われる個別的な介護サービスについては、その利用料を受領できる
　　ものとする。ただし、当該介護サービス利用料を受領する介護サービ
　　スは、本来特定施設入居者生活介護として包括的に行うべき介護サー
　　ビスとは明らかに異なり、次の①から③までのように個別性の強いも
　　のに限定される必要がある。

　　　なお、看護・介護職員が当該サービスを行った場合は、居宅サービ
　　ス基準上の看護・介護職員の人数の算定において、当該看護・介護職
　　員の勤務時間から当該サービスに要した時間を除外して算定（常勤換
　　算）することとする。

　　①　個別的な外出介助

　　　　利用者の特別な希望により、個別に行われる買い物、旅行等の外
　　　出介助（当該特定施設の行事、機能訓練、健康管理の一環として行
　　　われるものは除く。）及び当該特定施設が定めた協力医療機関等以
　　　外の通院又は入退院の際の介助等に要する費用。

　　②　個別的な買い物等の代行

　　　　利用者の特別な希望により、当該特定施設において通常想定して

いる範囲の店舗以外の店舗に係る買い物等の代行に要する費用。

③　標準的な回数を超えた入浴を行った場合の介助

利用者の特別な希望により、当該特定施設が定めた標準的な入浴回数を超えた回数（当該特定施設が定めた標準的な入浴回数が1週間に3回である場合には4回以上。ただし、居宅サービス基準第185条第2項及び地域密着型サービス基準第120条第2項並びに介護予防サービス基準第48条第2項の規定により1週間に2回以上の入浴が必要であり、これを下回る回数を標準的な入浴回数とすることはできない。）の入浴の介助に要する費用。

●食事の提供

非課税となるもの

(1)　有料老人ホーム、養護老人ホーム及び軽費老人ホームに入居している要介護者等について行う特定施設入居者生活介護

・特定施設入居者生活介護費（利用者負担金を含む）

・介護予防特定施設入居者生活介護費（利用者負担金を含む）

（消令14の2）

（消基通6－7－1(1)ヌ、(7)）

（事務連絡3(2)）

(2)　サービス費支給限度額を超えて行われる特定施設入居者生活介護の費用

（消基通6－7－2(1)）

(3)　介護保険給付の対象から除かれる日常生活に要する費用

（消基通6－7－2(2)）

・おむつ代

・その他日常生活においても通常必要となるものに係る費用であって、その利用者に負担させることが適当と認められるもの

（事務連絡3(3)イ④）

（指定居宅サービス基準182③二、三）

　利用者の希望によって、身の回り品として日常生活に必要なものを事業者が提供する場合に係る費用

（老企54号（別紙）(3)①）

（注）　利用者の日常生活に最低限必要と考えられる歯ブラシ、化粧品、シャンプー、タオル等の日用品であって、利用者の希望を確認した上で提供されるものをいう。したがって、こうした物品を事業者がすべての利用者に対して一律に提供し、すべての利用者からその費用を画一的に徴収することは認められないものである。

（老企第54号　別紙(7)①）

（Ｑ＆Ａ　問１）

Q
3-32 　居宅介護サービスで非課税となる利用者負担費用

通所介護等の居宅介護サービスで消費税が非課税となる「その他日常生活においても通常必要となるものに係る費用であって、その利用者に負担させることが適当と認められるもの」は、具体的にどのような費用をいうのですか。

Answer

利用者の希望によって、「身の回り品として日常生活に必要なもの」を事業者が提供する場合に係る費用をいいます（老企第54号　別紙(1)①)。

具体的には、利用者の日常生活に最低限必要と考えられる物品であって、利用者の希望を確認した上で提供されるものです。したがって、こうした物品を事業者がすべての利用者に対して一律に提供し、すべての利用者からその費用を画一的に徴収することは認められていません（老企第54号　別紙(7)①)。

なお、事業者により行われる便宜の供与であっても、サービスの提供と関係のないもの（利用者の嗜好品の購入等）については、「その他の日常生活費」には該当せず、消費税は課税となります。

また、利用者の希望によって「教養娯楽として日常生活に必要なもの」を施設が提供する場合に係る費用の消費税は非課税となります（老企第54号　別紙(1)②)。ただし、すべての利用者に一律に提供される教養娯楽に係る費用（共用の談話室等にあるテレビやカラオケ設備の使用料等）については、「その他の日常生活費」として徴収することは認められていません（老企第54号　別紙(7)②)。

事業者等が、サービスの提供の一環として実施するクラブ活動や行事のうち、一般的に想定されるもの（例えば、作業療法等機能訓練の一環として行われるクラブ活動や利用者が全員参加する定例行事）における材料費等は保険給付の対象に含まれることから別途徴収することはできませんが、サービスの提供の一環として実施するクラブ活動や行事のために調達し、提供する材料であって、利用者

に負担させることが適当と認められるもの（例えば、習字、お花、絵画、刺繍等のクラブ活動等の材料費）に係る費用は、教養娯楽に要する費用として「その他の日常生活費」に該当します。

　なお、事業者等が実施するクラブ活動や行事であっても、一般的に想定されるサービスの提供の範囲を超えるもの（例えば、利用者の趣味的活動に関し事業者が提供する材料等や、希望者を募り実施する旅行等）に係る費用については、サービス提供とは関係のない費用として徴収を行うこととなります（老企第54号〔参考〕「その他の日常生活費」に係るＱ＆Ａ　問8）。

（3）　地域密着型サービス

Q3-33 地域密着型介護老人福祉施設サービス

地域密着型介護老人福祉施設サービスの消費税の取扱いについて教えてください。

Answer

以下のようになります。

課税となるもの
●要介護者（利用者）の選定による 　・特別な居室の利用に係る費用（差額部分） 　・特別な食事に係る費用（差額部分） <div align="right">（消基通6-7-1(4)チ）</div>なお、利用者の選定に基づき提供される上記サービスについては、通常のサービスを利用した場合の費用との差額部分のみが課税となることに注意が必要です。

非課税となるもの
●特別養護老人ホーム（その入所定員が29人以下のものに限る。）に入所する要介護者について行う地域密着型介護老人福祉施設入所者生活介護 　・地域密着型介護老人福祉施設サービス費（利用者負担金を含む） （消令14の2） （消基通6-7-1(4)チ）　・食事の提供に要する費用 　・居住に要する費用 　・理美容代

・指定地域密着型介護老人福祉施設入所者生活介護において提供される便宜のうち、日常生活において通常必要となるものに係る費用であって、その入所者に負担させることが適当と認められるもの

（地域密着型サービス基準136③一、二、五、六）

Q 3-34 夜間対応型訪問介護

夜間対応型訪問介護の消費税の取扱いについて教えてください。

Answer

以下のようになります。

課税となるもの
●利用者の選定により通常の事業の実施地域以外の地域の居宅において指定訪問介護を行う場合の、それに要した交通費 （消基通6-7-1(4)ロ）
非課税となるもの
●居宅要介護者の居宅において介護福祉士等が行う夜間対応型訪問介護 　・夜間対応型訪問介護費（利用者負担金を含む） （消令14の2） （消基通6-7-1(4)ロ）

Q 3−35	認知症対応型通所介護

認知症対応型通所介護の消費税の取扱いについて教えてください。

Answer

以下のようになります。

課税となるもの
●利用者の選定により通常の事業の実施地域以外の地域に居住する利用者に対して行う送迎に要する費用 (消基通6−7−1(4)ニ)
非課税となるもの
●居宅要介護者であって、脳血管疾患、アルツハイマー病その他の要因に基づく脳の器質的な変化により日常生活に支障が生じる程度にまで記憶機能及びその他の認知機能が低下した状態（「認知症」という）であるものについて、特別養護老人ホーム、養護老人ホーム、老人福祉センター、老人デイサービスセンター等の施設に通わせて行う認知症対応型通所介護 　・認知症対応型通所介護費（利用者負担金を含む） 　・介護予防認知症対応型通所介護費（利用者負担金を含む） (消令14の2) (消基通6−7−1(4)ニ、(9))

Q 3-36 小規模多機能型居宅介護

小規模多機能型居宅介護の消費税の取扱いについて教えてください。

Answer

以下のようになります。

課税となるもの
●利用者の選定により通常の事業の実施地域以外の地域に居住する利用者に対して行う送迎に要する費用
●利用者の選定により通常の事業の実施地域以外の地域の居宅において介護を行う場合の、それに要した交通費
(消基通6－7－1(4)ホ)
非課税となるもの
●居宅要介護者の居宅において、又は機能訓練等を行うサービスの拠点に通わせ若しくは短期間宿泊させて行う小規模多機能型居宅介護
・小規模多機能型居宅介護費（利用者負担金を含む）
・介護予防小規模多機能型居宅介護費（利用者負担金を含む）
(消令14の2)
(消基通6－7－1(4)ホ、(9))

Q 3-37 認知症対応型共同生活介護

認知症対応型共同生活介護の消費税の取扱いについて教えてください。

Answer

以下のようになります。

課税となるもの
特別な規定なし
非課税となるもの

●要介護者であって認知症であるもの（その者の認知症の原因となる疾患が急性の状態にある者を除く。）について、その共同生活を営む住居において行う認知症対応型共同生活介護

　　・認知症対応型共同生活介護費（利用者負担金を含む）

　　・介護予防認知症対応型共同生活介護費（利用者負担金を含む）

（消令14の2）

（消基通6−7−1(4)ヘ、(9)）

●介護保険給付の対象から除かれる日常生活に要する費用

（消基通6−7−2(2)）

　　・食材料費

　　・理美容代

　　・おむつ代

　　・その他日常生活においても通常必要となるものに係る費用であって、その利用者に負担させることが適当と認められるもの

　　（「その他日常生活においても通常必要となるものに係る費用」の詳細については居宅介護サービスのQ3−32をご参照ください）　　　（事務連絡3(3)イ③）

（老企54号（別紙）(6)①）

（地域密着型サービス基準96③一〜四）

Q 3-38 地域密着型特定施設入居者生活介護

地域密着型特定施設入居者生活介護の消費税の取扱いについて教えてください。

Answer

以下のようになります。

課税となるもの
●利用者の選定により提供される介護その他の日常生活上の便宜に要する費用 （消基通6-7-1(4)ト）
非課税となるもの
●有料老人ホーム、養護老人ホーム及び軽費老人ホーム（その入居定員が29人以下のものに限る。）に入居している要介護者について行う地域密着型特定施設入居者生活介護 ・地域密着型特定施設入居者生活介護費（利用者負担金を含む） （消令14の2） （消基通6-7-1(4)ト） ●介護保険給付の対象から除かれる日常生活に要する費用 （消基通6-7-2(2)） ・おむつ代 ・その他日常生活においても通常必要となるものに係る費用であって、その利用者に負担させることが適当と認められるもの（「その他日常生活においても通常必要となるものに係る費用」の詳細については居宅介護サービスのQ3-32をご参照ください）　（事務連絡3(3)イ④） （老企54号（別紙）(3)①） （指定居宅サービス基準182③二、三） （地域密着型サービス基準117③二、三）

Q 3−39 定期巡回・随時対応型訪問介護看護

定期巡回・随時対応型訪問介護看護の消費税の取扱いについて教えて
ください。

Answer

以下のようになります。

課税となるもの
●利用者の選定により通常の事業の実施地域以外の地域の居宅において介護・看護を行う場合のそれに要した交通費　　　　　　　　（消基通6−7−1(4)イ）
非課税となるもの
●居宅要介護者の居宅において介護福祉士、看護師等が行う定期巡回・随時対応型訪問介護看護　　　　　　　　　　　　　　　　（消基通6−7−1(4)イ） 　　　　　　　　　　　　　　　　　　　　　　　　　　（消令14の2）

Q 3−40 複合型サービス

複合型サービスの消費税の取扱いについて教えてください。

Answer

　複合型サービス（看護小規模多機能型居宅介護）は、小規模多機能型居宅介護と訪問看護など複数の居宅サービスや地域密着型サービスを組み合わせて提供する複合型事業所によるサービスであり、消費税の取扱いについては、その個々のサービスごとに判定することとなります（消基通6−7−1(4)リ、地域密着型サービス基準182）。

（4）　地域支援事業

Q 3-41　介護予防・日常生活支援総合事業（総合事業）

介護予防・日常生活支援総合事業（総合事業）の消費税の取扱いについて教えてください。

Answer

　介護保険法の規定に基づく地域支援事業として居宅要支援被保険者等に対して行う介護予防・日常生活支援総合事業に係る資産の譲渡等のうち、厚生労働大臣と財務大臣と協議して指定するものが非課税となります。

　介護予防・日常生活支援総合事業に係る資産の譲渡等とは、平成24年厚生労働省告示第307号「消費税法施行令第14条の2第3項第12号の規定に基づき厚生労働大臣が指定する資産の譲渡等」に規定する資産の譲渡等に限られ、具体的には介護保険法第115条の45第1項第1号に規定する事業となります。

課税となるもの
●介護保険法の規定に基づく地域支援事業として居宅要支援被保険者等に対して行われる介護予防・日常生活支援総合事業に係る資産の譲渡等のうち厚生労働大臣と財務大臣と協議して指定するもの以外 （消令14の2③十二、消基通6-7-1⑭）
●利用者の選定により、通常の事業の実施地域（当該事業を行う事業所が通常時に当該事業に係るサービスを提供する地域をいう。以下同じ。）以外の地域の居宅において当該事業を行う場合に要した交通費を対価とする資産の譲渡等又は通常の事業の実施地域以外の地域に居住する利用者に対して当該事業を行う場合における送迎　（平成24年厚生労働省告示第307号）

非課税となるもの
●介護保険法の規定に基づく地域支援事業として居宅要支援被保険者等に対して行われる介護予防・日常生活支援総合事業に係る資産の譲渡等（厚生労働大臣と財務大臣と協議して指定するものに限る） 　　　　　　　　　　　　　（消令14の2③十二、消基通6-7-1(14)）

> 消費税法施行令第14条の2第3項第12号の規定に基づき厚生労働大臣が指定する資産の譲渡等（平成24年厚生労働省告示第307号）
>
> 介護保険法第115条の45第1項に規定する介護予防・日常生活支援総合事業のうち、同項第1号に規定する居宅要支援被保険者等に対して次に掲げる事業として行われる資産の譲渡等（当該事業の利用者の選定により、通常の事業の実施地域（当該事業を行う事業所が通常時に当該事業に係るサービスを提供する地域をいう。以下同じ。）以外の地域の居宅において当該事業を行う場合に要した交通費を対価とする資産の譲渡等又は通常の事業の実施地域以外の地域に居住する利用者に対して当該事業を行う場合における送迎を除く。）
> 一　法第115条の45第1項第1号イに規定する第1号訪問事業
> 二　法第115条の45第1項第1号ロに規定する第1号通所事業
> 三　法第115条の45第1項第1号ハに規定する第1号生活支援事業
> 四　法第115条の45第1項第1号ニに規定する第1号介護予防支援事業

(参考)

　地域支援事業とは、被保険者が要介護状態または要支援状態となることを予防し、社会に参加しつつ、地域において自立した日常生活を営むことができるよう支援することを目的とし、地域における包括的な相談及び支援体制、多様な主体の参画による日常生活の支援体制、在宅医療と介護の連携体制及び認知症高齢者への支援体制の構築等を一体的に推進するものです。

　地域支援事業の構成は、⑴ 介護予防・日常生活支援総合事業（総合事業）【注

1】、⑵ 包括的支援事業（地域包括支援センターの運営、在宅医療・介護連携推進事業、生活支援体制整備事業、認知症総合支援事業及び地域ケア会議推進事業）、⑶ 任意事業（介護給付費適正化事業、家族介護支援事業、その他の事業）【注2】、となります（厚生労働省老健局長　平成18年6月9日・老発第0609001号通知別紙「地域支援事業実施要綱」）。

【注1】介護予防・日常生活支援総合事業

　介護予防・日常生活支援総合事業は、①介護予防・生活支援サービス事業（第1号事業）と②一般介護予防事業に分かれ、このうち①介護予防・生活支援サービス事業（第1号事業）の資産の譲渡等が、消費税法施行令第14の2第3項第12号、消費税法基本通達6－7－1⑭、平成24年厚生労働省告示第307号「消費税法施行令第14条の2第3項第12号の規定に基づき厚生労働大臣が指定する資産の譲渡等」に該当し、非課税となります。

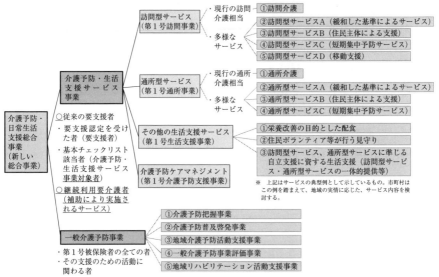

【参考】介護予防・日常生活支援総合事業（新しい総合事業）の構成

出典：平成27年6月5日老発0605第5号老健局長通知、別紙「介護予防・日常生活支援総合事業のガイドライン」

【注2】任意事業

①介護給付等費用適正化事業

　　介護（予防）給付について真に必要な介護サービス以外の不要なサービスが提供されていないかの検証、本事業の趣旨の徹底や良質な事業展開のために必要な情報の提供、介護サービス事業者間による連絡協議会の開催等により、利用者に適切なサービスを提供できる環境の整備を図るとともに、介護給付等に要する費用の適正化を図る

②家族介護支援事業
　　・介護教室の開催
　　・認知症高齢者見守り事業
　　　認知症に関する広報・啓発活動、徘徊高齢者を早期発見できる仕組みの構築・運用、認知症高齢者に関する知識のあるボランティア等による見守りのための訪問
　　・家族介護継続支援事業
　　・健康相談・疾病予防等事業
　　・介護者交流会の開催
　　・介護自立支援事業

③その他の事業
　　・成年後見制度利用支援事業
　　・福祉用具・住宅改修支援事業
　　・認知症対応型共同生活介護事業所の家賃等助成事業
　　・認知症サポーター等養成事業
　　・地域自立生活支援事業

（5） ケアマネジメント（居宅介護支援）

Q 3−42　ケアマネジメント（居宅介護支援）

ケアマネジメント（居宅介護支援）の消費税の取扱いについて教えてください。

Answer

以下のようになります。

課税となるもの
●利用者の選定により通常の事業の実施地域以外の地域の居宅において介護支援を行う場合の、それに要した交通費 （事務連絡 3 (3)ウ⑧）
●市町村からの委託による要介護認定調査に係る委託料 （事務連絡 3 (6)③）
非課税となるもの
●居宅要介護者等に対して行われる居宅介護支援 ・居宅介護支援費（居宅介護サービス計画費） ・介護予防支援費（介護予防サービス計画費） （消令14の 2 ③九） （消基通 6 − 7 − 1 ⑾）

（6） そ　の　他

Q 3-43　福祉用具の貸与

福祉用具の貸与に係る消費税は課税の対象になりますか。

Answer

　原則として貸与される福祉用具が身体障害者用物品に該当すれば、消費税は非課税となります。

　福祉用具の貸与については、次のような取扱いとされています。

⑴　福祉用具の取扱い

　　介護保険法の規定に基づく福祉用具の貸付けは、消費税法別表第二第7号イに規定する資産の譲渡等に該当しませんが、当該福祉用具の貸付けが「身体障害者用物品の貸付け（消法別表第二第10号）」に該当するときには、消費税は非課税となります。

⑵　福祉用具貸与に際して発生する福祉用具の搬出入に要する費用

　　福祉用具貸与に際して発生する福祉用具の搬出入に要する費用は、指定居宅サービスに要する費用の額の算定に関する基準（平成12年厚生省告示第19号）により、「現に指定福祉用具貸与に要した費用」（貸与価格）に含むものとされていることから、貸与する福祉用具が身体障害者用物品に該当するときは、当該費用を含む貸与価格の全体が非課税となります。

　　具体的にどのような物品が身体障害者用物品に該当するかは、平成3年6月7日厚生省告示第130号「消費税法施行令第14条の4の規定に基づき、内閣総理大臣及び厚生大臣が指定する身体障害者用物品及びその修理を定める件」及び平成3年9月26日　社更第199号・児障第29号・児母衛第32号「消費税法の一部を改正する法律の施行に伴う身体障害者用物品の非課税扱いについて」を

ご参照ください。

(3)　福祉用具の搬入に際して、特別な措置が必要な場合

　福祉用具の搬入に際して、特別な措置が必要な場合については、貸与価格には含まれず、利用者の全額負担とされています。

　したがって、貸与される福祉用具が身体障害者用物品に該当するものであっても、その措置に要する費用については課税の対象となります。

課税となるもの
・身体障害者用物品以外の福祉用具貸付け （生活保護法の規定に基づく介護扶助として行われる福祉用具貸与を含む。） （例）　車椅子の付属品（車椅子と一体として貸与されるものを除く） 　　　　特殊寝台の付属品（特殊寝台と一体として貸与されるものを除く） 　　　　褥瘡予防用具、手すり、スロープ、認知症老人徘徊感知装置
非課税となるもの
・身体障害者用物品の貸付け （身体障害者用物品に該当する場合） （例）　①　車椅子・電動車椅子・歩行器 　　　　②　松葉づえ 　　　　③　排便補助具 　　　　④　特殊寝台 　　　　⑤　体位変換器 <div align="right">（消令14の4、消基通6-7-3、事務連絡2(1)、(2)）</div><div align="right">（H3.6.7厚生省告示第130号）</div>

Q 3-44 有料老人ホームにおける介護サービス

当法人は特定施設入居者生活介護の事業者指定を受けて、いわゆる「介護付き有料老人ホーム」を経営しております。入居者は介護保険の利用者とその他に区分されます。入居者から収受する金額の消費税法上の取扱いについて教えてください。

Answer

有料老人ホームの入居者から収受する金額については(1)家賃に相当する金額と、(2)介護サービスに相当する金額の別に消費税の課否判定をする必要があります。

(1) 家賃に相当する金額

入居者が介護保険の要介護者に該当するか否かにかかわらず、住宅の貸付けとして消費税は非課税となります。

(2) 介護サービスに相当する金額

有料老人ホームとは老人福祉法第29条に規定され、「老人を入居させ、入浴、排せつ若しくは食事の介護、食事の提供又はその他の日常生活上必要な便宜であって厚生労働省令で定めるものの供与（他に委託して供与をする場合及び将来において供与をすることを約する場合を含みます。）をする事業を行う施設であって、老人福祉施設、認知症対応型老人共同生活援助事業を行う住居その他厚生労働省令で定める施設でないもの」とされています。

また特定施設とは1. 有料老人ホーム（サービス付き高齢者向け住宅で該当するものを含む）、2. 養護老人ホーム、3. 軽費老人ホームのうち定められた基準を満たした施設を指します。

このような特定施設に係る消費税については、消費税法基本通達6-7-1(1)、同(4)において、有料老人ホーム、養護老人ホーム及び軽費老人ホームに入居している要介護者について行う特定施設入居者生活介護（要介護者の選定により提供される介護その他の日常生活上の便宜に要する費用を対価とする資産

の譲渡等を除きます。）については非課税と規定されています。そのため、利用者の選定による介護サービスの提供やその他の日常生活上の便宜に要する費用については、消費税の課税の対象となります。

① 特定施設入居者生活介護の利用者の場合

　有料老人ホームのうち都道府県知事から指定を受けた「特定施設」が、入居している介護保険の要介護者等に対して、介護計画に従って当該ホームにおいて行われる入浴、排せつ若しくは食事の介護又はその他の日常生活上必要な便宜の供与については、介護保険法に規定する「特定施設入居者生活介護」に該当し、消費税は非課税となります。また、要介護者等から収受するおむつ代についても非課税となります。

　ただし、利用者の選定により提供される介護その他の日常生活上の便宜に要する費用（個別の介護のための費用）及び食事の提供は課税となりますので注意が必要です。

　詳しくはＱ３-31をご参照ください。

② 上記以外の入居者の場合

　上記(1)の家賃相当額以外の料金、例えば食事の提供、水道光熱費、管理費、介護費、おむつ代等は原則課税となります。

(3) 入居一時金に関する取扱い

　入居一時金（返還を要しない部分）についてはその内容によって判断することになりますが、家賃の前払い分であることが明記されている部分の金額は非課税となり、それ以外は課税となります。

　なお、平成26年1月14日付老高発0114第1号「消費税率の引上げ等に伴う有料老人ホーム事業の運営における留意事項について」が発出されましたのでご留意ください。

課税となるもの
(1) 特定施設入居者生活介護の場合
・利用者の選定により提供される介護その他の日常生活上の便宜に要する費用
・食事の提供（軽減税率の適用があります。詳しくはＱ３-46をご参照下さい。）

（指定居宅サービス基準182③一）

(2) その他の場合

- ・食事の提供（軽減税率の適用があります。詳しくはＱ３−46をご参照下さい。）
- ・水道光熱費
- ・管理費
- ・介護費
- ・おむつ代他
- ・入居一時金（非課税となるもの以外）

非課税となるもの

(1) 特定施設入居者生活介護の場合

- ・特定施設入居者生活介護費（利用者負担金を含む）
- ・介護予防特定施設入居者生活介護費（利用者負担金を含む）

（消令14の２、事務連絡３(2)）

- ・サービス費支給限度額を超えて行われる特定施設入居者生活介護の費用

（消基通６−７−２(1)）

- ・介護保険給付の対象から除かれる日常生活に要する費用

（消基通６−７−２(2)）

- ・おむつ代、その他日常生活においても通常必要となるものに係る費用であって、利用者に負担させることが適当と認められるもの

（事務連絡３(3)イ④）

- ・身の回り品

（H12.3.30 老企54号（別紙）(3)①）

(2) その他の場合

- ・家賃相当額
- ・入居一時金（家賃の前払い部分である旨が明示されていること）

（H14.7.18 老発0718003号）

Q 3-45　サービス付き高齢者向け住宅における 介護サービス

　サービス付き高齢者向け住宅における介護サービスの消費税法上の取扱いについて教えてください。

Answer

　原則として有料老人ホームにおける消費税の取扱いと同様になります。

　サービス付き高齢者向け住宅とは、平成23年4月の「高齢者住まい法」の改正により創設された、介護・医療と連携し高齢者の安心を支えるサービスを提供するバリアフリー構造の住宅制度です。

　この制度は、高齢者が安心して生活できる住まいづくりを推進するため、従前の高齢者円滑入居賃貸住宅・高齢者専用賃貸住宅・高齢者向け優良賃貸住宅を廃止し、サービス付き高齢者向け住宅に一本化し、都道府県知事へ登録する制度を国土交通省・厚生労働省の共管制度として創設されました。

　サービス付き高齢者向け住宅の登録基準は以下のとおりです。
①　住宅
　　床面積（原則25㎡以上）、便所・洗面設備等の設置、バリアフリー
②　サービス
　　サービスを提供すること（少なくとも安否確認・生活相談サービスを提供）
③　契約
　　・高齢者の居住の安定が図られた契約であること
　　・前払家賃等の返還ルール及び保全措置が講じられていること

Q 3-46　有料老人ホーム等で行う飲食料品の提供

　消費税増税に伴い、有料老人ホーム等で行う飲食料品の提供で注意することはありますか？

Answer

　令和元年10月１日からの消費税10％への引き上げに伴い、軽減税率制度が導入されました。

　軽減税率制度においては、有料老人ホーム及びサービス付き高齢者向け住宅(以下「有料老人ホーム等」という。）において提供される一定の要件を満たす食事に対して軽減税率が適用されます。

　詳細な取扱いについては、平成30年11月６日厚生労働省・国土交通省事務連絡「消費税の軽減税率制度導入に向けた対応について」の別紙３として「高齢者向け住まいにおける飲食料品の提供に関する消費税の軽減税率に関するＱ＆Ａ（高齢者住まい事業者団体連合会より)」が発出されておりますので、ご紹介します。

高齢者住まい事業者団体連合会

■高齢者向け住まいにおける飲食料品の提供に関する消費税の軽減税率に関する
　Ｑ＆Ａ（2019年８月５日再改訂版）

≪軽減税率の適用対象となる高齢者向け住まいにおいて行う飲食料品の提供の概
要≫

【問１】　軽減税率の適用対象となる高齢者向け住まいにおいて行う飲食料品の提
　　　　　供とはどのようなものですか。

　軽減税率の適用対象となる有料老人ホーム・サービス付き高齢者向け住宅（以
下「高齢者向け住まい」といいます。）において行う飲食料品の提供とは、

①　老人福祉法第29条第１項の規定による届出が行われている有料老人ホームに
　おいて、当該有料老人ホームの設置者又は運営者（以下「設置者等」といいま
　す。）が、当該有料老人ホームの入居者（60歳以上の者、要介護認定・要支援
　認定を受けている60歳未満の者又はそれらの者と同居している配偶者に限られ
　ます。）に対して行う飲食料品の提供、又は、

②　高齢者の居住の安定確保に関する法律第６条第１項に規定する登録を受けた
　サービス付き高齢者向け住宅において、当該サービス付き高齢者向け住宅の設
　置者等が、当該サービス付き高齢者向け住宅の入居者に対して行う飲食料品の
　提供

のうち、それぞれの施設の設置者等が、同一の日に同一の者に対して行う飲食料
品の提供の対価の額（税抜き）が１食につき640円以下であるもので、その累計
額が1,920円に達するまで(※)の飲食料品の提供をいいます。

　※　累計額の計算方法につきあらかじめ書面で定めている場合には、その方法
　　　によることとされています。

≪軽減税率の適用対象に高齢者向け住まいにおいて行う飲食料品の提供が含まれ
ている趣旨≫

【問２】　高齢者向け住まいにおいて行う飲食料品の提供が軽減税率の適用対象と

されているのはなぜですか。また、1食あたり640円以下等の金額基準
が設けられたのはなぜですか。

　高齢者向け住まいで提供される食事は、当該施設で日常生活を営む入居者の求
めに応じて、入居者が指定した場所（当該施設）において施設設置者等が調理等
をして提供するものですから、一義的には、標準税率（10%）が適用される「ケー
タリングサービス」に該当すると考えられます。しかし、原則、こうした飲食料
品の提供は、通常の「ケータリングサービス」のように自らの選択で受けるもの
ではなく、日常生活を営む場において他の形態で食事をとることが困難なことか
ら、入居者はこれらの施設設置者等が提供する飲食料品を食べざるを得ないとい
う事情があるため、一定の要件を満たすものは軽減税率（8%）の適用対象とし
たものです。

※　高齢者向け住まいの居室において行われる飲食料品の提供も、食堂等で行わ
　れる飲食料品の提供も、どちらも、一定の要件を満たすものは軽減税率の適用
　対象となります。

　　また、金額基準については、上記趣旨及び標準税率が適用される外食との間
　のバランスを考慮し、設けたものになります。具体的な金額基準については厚
　労省告示である「入院時食事療養費算定基準」を引用しています。

≪軽減税率の適用対象となる入居者の範囲≫
【問3】　次の者に対し高齢者向け住まいにおいて行う飲食料品の提供は、軽減税
　　　　率の適用対象となりますか。
○介護保険法に基づく「短期利用特定施設入居者生活介護」を適用する短期入居
　利用者
○介護保険を利用せず全額自費にて短期入居利用する入居者
○入居契約前の体験入居として短期間、高齢者向け住まいを利用する者

　高齢者向け住まいの設置者等が入居者に対し当該施設において行う一定の金額
以下の飲食料品の提供という要件を満たす限り、軽減税率の適用対象となります。

※　「特定施設入居者生活介護」（介護保険法8⑪）に係る、飲食料品の提供に要する費用は他の居宅サービス費と異なり消費税課税とされています。

　また、入居契約前の体験入居をする者は、入居者と同じサービス（注）を受けている場合には「入居者」に該当することから、高齢者向け住まいの設置者等が体験入居する者に対し当該施設において行う一定の金額以下の飲食料品の提供は軽減税率の適用対象となります。

（注）　老人福祉法第29条第1項に規定する介護等又は高齢者の居住の安定確保に関する法律第5条第1項に規定する状況把握サービス、生活相談サービスその他の高齢者が日常生活を営むために必要な福祉サービスをいいます。

【問3-2】　体験利用料について、飲食料品の提供の費用だけが区別されておらず、宿泊費、サービス費用を含んだ価格設定になっている場合、軽減税率の適用はどうなりますか。

　ご質問のように、体験利用契約に含まれる飲食料品の提供に係る費用が明らかではない場合には、一の役務提供として体験利用契約の対価全体に標準税率が適用されます。

　他方、体験利用する者も「入居者」に該当することから、体験利用契約書等において飲食料品の提供に係る費用が明らかな場合には、一定の要件を満たすものは軽減税率（8％）の適用対象となります。

≪飲食料品の提供方法≫
【問4】　高齢者向け住まいの食堂で飲食料品を提供する場合と、居室に配膳し居室で飲食料品を提供する場合で軽減税率の適用関係に差異はありますか。

　高齢者向け住まいの設置者等が入居者に対し当該施設において行う一定の金額以下の飲食料品の提供は軽減税率の適用対象となりますが、その設置者等が行う飲食料品の提供方法について、食堂で飲食料品を提供した場合と、居室に配膳し居室で飲食料品を提供した場合とでその取扱いは変わりません。

≪入居者以外も利用可能な食堂での飲食料品の提供≫

【問5】　高齢者向け住まいが経営する食堂が、来訪者（入居者に面会で来訪した
　　　　家族や友人等）へ提供する飲食料品は、軽減税率の適用対象となります
　　　　か。また、食堂において利用者が入居者か否かをどのように見分ければ
　　　　良いですか。

　高齢者向け住まいの設置者等が入居者に対し当該施設において行う一定の金額
以下の飲食料品の提供は軽減税率の適用対象となりますが、入居者の範囲は入居
者及び入居者と同居している配偶者（同居者も入居者である必要があります）に
限られます。したがって、高齢者向け住まいの設置者等が来訪者へ行う飲食料品
の提供は「食事の提供」に該当し、軽減税率の適用対象外となります。
　入居者か否かをどのように見分けるかについて、入居者以外も利用できる食堂
で飲食料品を提供する場合には、「利用者が入居者であるか」、「利用者が入居者
であってもその飲食料品を入居者自ら飲食するか（家族分も合わせて購入してい
ないか）」といった事実（意思）の確認を行う必要があります。その事実（意思）
の確認方法について、例えば「入居者以外の方（家族など）が利用・飲食する場
合はお申し出ください」と食堂内に掲示するといった方法があります。

≪金額基準の判定①≫

【問5-2】　1食の判定に当たって、①朝食に納豆100円を追加する場合、②朝
　　　　　食にコーヒー100円を追加する場合などは、朝食の価格に100円を
　　　　　足した額で判断するのか。間食との違いは何か。

　原則として、飲食料品を提供する「朝食」といった単位が「一食」となります。
このため、朝食等とは別に提供される間食を、朝食等に含めて一食当たり640円
の判定を行う必要はありません。他方、別料金を支払うことで朝食等に追加して
提供されるものがある場合、それを含めて判定するかは事業者の任意です。間食
と同様、追加して提供されるものでそれぞれ一食当たり640円の判定を行うこと
ができます。

　そのため、ご質問の①及び②は、一食当たり640円の金額基準を満たすかどうかの判定につき、「朝食」「納豆」「コーヒー」それぞれの金額で行うことも、これらの合計額で行うことも、いずれも可能です。

　なお、軽減税率の累計額の計算の対象となる飲食料品の提供をあらかじめ書面により明らかにした場合には、その対象飲食料品の提供の対価の額によりその累計額を計算するものとされています。例えば、事例の納豆やコーヒーなど追加の飲食料品の提供は軽減税率の累計額の計算の対象としないことを、あらかじめ入居者に書面により明らかにした場合には、これらの追加の飲食料品の提供を除いて累計額を計算することとなります。

【問5－3】　住宅型有料老人ホームにおいて、通常食のほかソフト食や刻み食を提供しており、こうした食事の提供には加工賃100円を食費に上乗せしている。軽減税率の適用に当たっては、この100円を足した額で判定するのか。

　刻み食、ソフト食のための加工については飲食料品の提供に伴い行うものであるため「加工賃」も含め飲食料品の提供の対価と考えられることから、一食当たり640円、一日累計で1,920円の金額基準を満たすかどうかの判定に当たっては、「加工賃」を含めた金額で判断します。

【問5－4】　住宅型有料老人ホームにおいて、入居者の自己都合で居室で食事をとる際には配膳料を徴収しているが、この配膳料について、食事代に含めて考えるべきか。

　配膳料については、飲食料品の提供の対価ではなく、生活支援サービス（役務の提供）の対価と考えられることから、軽減税率は適用されません。
（参考）配膳料も含めて飲食料品の提供の対価としている場合など、別途配膳料を求めないのであれば、その配膳料を含めた飲食料品の提供の対価の額で適用税率を判定することとなります。

≪金額基準の判定①≫

【問6】　入居者との契約において、次のように「食材費」と「厨房管理費」の金額がそれぞれ定められている場合、その両方が軽減税率の適用対象となりますか。

≪事例1≫

厨房管理費は月額定額27,600円。

食材費は朝食200円／食、昼食240円／食、夕食240円／食。

≪事例2≫

厨房管理費は月額定額27,600円。

食材費は朝食300円／食、昼食・夕食400円／食。

　　　また、高齢者向け住まいの共用部の維持・管理に係る「管理費」に「厨房管理費」が含まれているものの明確に区分できない場合、どうすれば良いですか。

　契約において「食材費」と「厨房管理費」が区分されていたとしても、食材の調達や厨房施設の利用は飲食料品の提供に伴って行うものであることから、「食材費」と「厨房管理費」の合計額が飲食料品の提供の対価と認められ、一定の金額以下という要件を満たす限り、その全体が軽減税率の適用対象となります。具体的な適用税率の判定は次のとおり行うことになります。

事例1のケース

27,600円×12月÷365日÷3食≒302円／食[注]

朝502円（200円＋302円）、昼・夕各542円（240円＋302円）

朝食（軽減）	昼食（軽減）	夕食（軽減）		合計（内軽減税率適用対象）
502≦640	542≦640	542≦640	＝	1,586（1,586≦1,920）
（累計502）	（累計1,044）	（累計1,586）		

（注）　軽減税率の適用対象となる高齢者向け住まいで行われる飲食料品の提供は「1食あたり640円（税抜き）以下」で「1日あたりの累計額が1,920円（税抜き）に達するまで」のものとされています。そこで、食費として契約等で月額が定められている場合には、月額を年間の金額に引き直した上

で1日（1食）あたりの金額を算定する等、合理的と認められる方法により日額等を計算します。具体的には次のような計算方法があります（いずれの計算方法によっても差し支えありません）。

（例）　「一日3食・月額54,000円」で、例えば、2月の日数が28日の場合

・54,000円÷28日＝1,928円／日　（＞1,920円）

・54,000円×12月÷365日＝1,775円／日　（≦1,920円）

事例2のケース

27,600円×12月÷365日÷3食≒302円／食

朝602円（300円＋302円）、昼・夕各702円（400円＋302円）

朝食（軽減）	昼食（標準）	夕食（標準）	合計（内軽減税率適用対象）
602≦640	702＞640	702＞640	＝　2,206　（602≦1,920）
（累計602）	（累計602）	（累計602）	

（注）　この場合、月額定額の厨房管理費の一部（朝食分）が軽減税率適用対象となり、残り（昼食・夕食分）が軽減税率適用対象外となります。

　契約において飲食料品の提供に係る「厨房管理費」が共用部の維持・管理についての費用（管理費）に含まれている場合であっても、飲食料品の提供に係る「厨房管理費」が明らかな場合には、上記の事例のとおり「食材費」と「厨房管理費」を合計して飲食料品の提供に係る対価の額を明らかにする必要があります。その上で、飲食料品の提供に係る対価の額が、一定の金額以下という要件を満たすものであればその金額は軽減税率の適用対象となります。他方、ご質問のように「管理費」に含まれる「厨房管理費」が明らかではない場合に、別途区分することまで求めるものではありません。その場合には、「食材費」のみを消費税法上の飲食料品の提供の対価の額の累計額の計算の対象とすることを書面により明らかにして、「1食あたり640円（税抜き）以下」の判定を行うことができます。

【問6-2】　問6事例2回答のケースにおいて、すべての食事を提供した場合に、28日、30日、31日の月の厨房管理費の軽減税率はどのように適用すればいいのか。

（前提）問6事例2回答のケース

　厨房管理費は月額定額27,600円。食材費は朝食300円／食、昼食・夕食400円／食。1食あたりの厨房管理費の算定方法は、27,600円×12月÷365日÷3食≒302円／食とする

朝602円（300円＋302円）、昼・夕各702円（400円＋302円）

朝食（軽減）	昼食（標準）	夕食（標準）		合計（内軽減税率適用対象）
602≦640	702＞640	702＞640	＝	2,206　（602≦1,920）
（累計602）	（累計602）	（累計602）		

　「640円以下であるものが軽減税率の適用になる」という考え方から、軽減税率の適用対象を先に決定する。

① 28日の月

　・朝食分の厨房管理費302円×28日＝8,456円が軽減税率の適用

　・27,600円−8,456円＝19,144円が標準税率

（昼食分・夕食分の厨房管理費（302円＋302円）×28日＝16,912円が標準税率という考え方は取らない）

② 30日の月

　・朝食分の厨房管理費302円×30日＝9,060円が軽減税率の適用

　・27,600円−9,060円＝18,540円が標準税率

（昼食分・夕食分の厨房管理費（302円＋302円）×30日＝18,120円が標準税率という考え方は取らない）

③ 31日の月

　・朝食分の厨房管理費302円×31日＝9,362円が軽減税率の適用

　・27,600円−9,362円＝18,238円が標準税率

（昼食分・夕食分の厨房管理費（302円＋302円）×31日＝18,724円が標準税率という考え方は取らない）

≪金額基準の判定②≫

【問7】　入居者との契約において、次のように「欠食」に関する定めがある場合、1食あたり640円以下等の金額基準はどのように計算すればよいですか。

≪事例≫

日額固定金額（2,100円／日）を定めており、欠食割引（1回300円割引）の定め
がある場合

　高齢者向け住まいの設置者等が飲食料品の提供を行う予定であったものについ
て、入居者の事情により、その提供を受けないもの（以下「欠食」といいます。）
が一部にあったとしても、その対価の支払いが行われる（欠食割引がある場合を
含みます）ときは、設置者等が提供した飲食料品を単に入居者が飲食しなかった
ものといえます。したがって、当該欠食に係る対価の額については、飲食料品の
提供に係る対価の額にほかならないことから、原則として、1日（1食）あたり
の金額の計算対象に含め、累計額等の計算を行います。

　具体的な適用税率の判定は次のとおり行うことになります

　（例）　ご質問のケース

　※　この場合、朝・昼・夕食の内訳は2,100円÷3食＝700円となります。

① 欠食がなかった場合

朝食（標準）	昼食（標準）	夕食（標準）	合計（内軽減税率適用対象）
700＞640	700＞640	700＞640	＝　2,100（⓪≦1,920）
（累計0）	（累計0）	（累計0）	

② 朝食を欠食した場合

朝食（軽減）	昼食（標準）	夕食（標準）	合計（内軽減税率適用対象）
400（700−300）	700＞640	700＞640	＝　1,800（400≦1,920）
（累計400）	（累計400）	（累計400）	

【問7−2】　朝食400円、昼食600円、夕食1,000円であるが、1ヶ月の基本料
　　　　　　金として20,000円を徴収している。例えば2日間（月4,000円）
　　　　　　しか食事をとらなかった場合の残り16,000円の消費税の考え方は
　　　　　　どうなるか。

　高齢者向け住まいの設置者等が、同一の日に同一の者に対して行う飲食料品の

提供の金額（税抜き）が１食640円以下であるもののうち、その累計額が1,920円に達するまでの飲食料品の提供は軽減税率の適用対象となります。したがって、食事をした２日分については、

朝食（軽減）	昼食（軽減）	夕食（標準）		合計（内軽減税率適用対象）
400≦640	600≦640	1,000＞640	＝	2,000 （1,000≦1,920）
（累計400）	（累計1,000）	（累計1,000）		

　一方、１日３食（朝食400円、昼食600円、夕食1,000円）を提供する場合の基本料金に達するまでの16,000円については、高齢者向け住まいの設置者等が飲食料品の提供を行う予定であったものについて、入居者の事情により、欠食したものであり、その対価の支払いが行われるときは、設置者等が提供した飲食料品を単に入居者が飲食しなかったものといえます。したがって、当該欠食に係る対価の額については、飲食料品の提供に係る対価の額にほかならないことから、基本料金に達するまでの16,000円についても、原則として、１日（１食）あたりの金額の計算対象に含め、累計額等の計算を行います。

　例えば、16,000円は、３食（朝、昼、夕）×８日分の欠食に係る対価の額と考え、このうち、640円以下となる、朝、昼分の計8,000円を軽減税率の適用対象とすることが考えられます。

　なお、あらかじめ書面で明らかにすることにより、基本料金に達するまでの差額（上記の例では、16,000円）を累計額の計算対象としない（＝標準税率とする）ことも可能です。また、同様に書面で明らかにすることにより、基本料金に達するまでの差額について、欠食分を優先的に朝、昼（640円以下であるため軽減税率の対象となる）分に充当するとして計算することも可能です。

≪金額基準の判定③≫

【問８】　入居者との契約において飲食料品の提供の対価の額の「定めがある場合」と「定めがなく食堂に掲示された価格で食事を注文する場合」で軽減税率の適用判断等に差異はありますか。

　契約において食事の価格が定められている場合と、契約に定めがなく食堂に掲

示された価格で食事を注文する場合とで、取扱いが変わることはなく、高齢者向け住まいの設置者等が入居者に対し当該施設において行う一定の金額以下の飲食料品の提供という要件を満たす限り、軽減税率の適用対象となります。この場合において、高齢者向け住まいの設置者等が、同一の日に同一の者に対して行う飲食料品の提供の金額（税抜き）が1食640円以下であるもののうち、その累計額が1,920円に達するまでの飲食料品の提供が軽減税率の適用対象となります。

　なお、軽減税率の累計額の計算の対象となる飲食料品の提供をあらかじめ書面により明らかにした場合には、その対象飲食料品の提供の対価の額によりその累計額を計算するものとされています。例えば、「食堂に掲示された価格で注文する食事」は軽減税率の累計額の計算の対象としないことを、あらかじめ入居者に書面により明らかにした場合には、「食堂に掲示された価格で注文する食事」を除いて累計額を計算することとなります。

≪金額基準の判定④≫
【問9】　高齢者向け住まいにおいて行う飲食料品の提供の「全て」について、軽減税率の累計額の計算の対象となる飲食料品の提供の対象とならないことを、あらかじめ書面により明らかにすることは認められるか。

　軽減税率の累計額の計算の対象となる飲食料品の提供をあらかじめ書面により明らかにした場合には、その対象飲食料品の提供の対価の額によりその累計額を計算するものとされています。ご質問のように、高齢者向け住まいの設置者等が入居者に対し当該施設において行う飲食料品の提供の「全て」について、軽減税率の累計額の計算の対象となる飲食料品の提供の対象とならないことをあらかじめ書面により明らかにした場合には、その高齢者向け住まいの設置者等が入居者に対し当該施設において行う飲食料品の提供全体が標準税率の対象となります。

　なお、上記により標準税率が適用されるのは飲食料品の提供（問1参照）であり、単なる飲食料品の譲渡には軽減税率が適用されることとなります。

≪金額基準の判定⑤≫

【問10】　例えば、翌週のメニューに、「どれが軽減税率の対象となるか」を記載
　　　　　した場合、累計額の計算の対象となる飲食料品の提供を「あらかじめ
　　　　　書面により明らかにしている」ことになるのか。

　高齢者向け住まいの設置者等が入居者に対し当該施設において行う一定の飲食
料品の提供について、累計額の計算の対象を「あらかじめ書面により明らかにし
ている」場合には、その対象とした飲食料品の提供の対価の額により累計額の計
算ができることとされています。「あらかじめ」とされていることから、飲食料
品の提供を行う前に書面により明らかにされている必要があります。

　ご質問の場合、累計額の計算の対象を飲食料品の提供を行う前に書面により明
らかにしており、「あらかじめ書面により明らかにしている」こととなります。

≪高齢者向け住まいの施設内にある売店における弁当等の販売≫

【問11】　入居者が高齢者向け住まいの施設内にある売店にてお菓子や飲み物、
　　　　　弁当を購入する場合、軽減税率の適用対象となりますか。軽減税率の
　　　　　適用対象となる場合、１食あたり640円以下等の金額基準の判定を行
　　　　　う必要はありますか。

　高齢者向け住まいの施設内にある売店における「飲食料品の譲渡」は、軽減税
率の適用対象となります（640円以上の飲食料品であっても対象です。）。他方、
売店が販売した飲食料品を飲食設備で飲食させる場合は「食事の提供」となり、
軽減税率の適用対象外（640円以下の飲食料品であっても対象外です。）となりま
す(※)。この場合、適用税率の判定は、事業者が飲食料品を提供する時点（取引
を行う時点）で行うこととなります。

※　「飲食設備」とは、テーブル、椅子、カウンターその他の飲食に用いられる
　設備をいいます。したがって、売店の設備としてイートインスペース（椅子、
　カウンター等）がある場合には当該設備は、「飲食設備」に該当します。

　　ただし、そういった飲食設備がない売店であっても、高齢者向け住まいの共

用部や入居者の居室等にはテーブルや椅子等が設置されていることがあります
が、そもそも高齢者向け住まいは飲食目的外の施設であり、当該売店で飲食料
品の譲渡を行ったとしても、当該共用部や居室等のテーブルや椅子等を飲食す
る場所として特定しない限り、この飲食料品の譲渡は軽減税率の適用対象とな
ります。

　売店で行われる「飲食料品の譲渡」は、上述のとおり軽減税率の適用対象とさ
れますが、この「飲食料品の譲渡」は金額基準の判定が必要な高齢者向け住まい
において行う「飲食料品の提供」ではありませんので、1食あたり640円以下等
の金額基準の判定を行う必要はありません。

≪飲食料品の提供に係る委託≫

【問12】　高齢者向け住まいの設置者等が、給食サービス業者に調理業務を委託
　　　　　している場合、入居者に対する飲食料品の提供は軽減税率の適用対象
　　　　　となりますか。また、入居者と設置者等が飲食料品の提供を第三者（A）
　　　　　に行わせる基本契約を締結した上で、設置者等が飲食料品の提供をA
　　　　　に委託し、入居者はAと飲食料品の提供契約を締結している場合であっ
　　　　　ても入居者に対する飲食料品の提供は軽減税率の適用対象となります
　　　　　か。

　高齢者向け住まいの設置者等が、給食サービス業者に当該施設の入居者に対す
る飲食料品の提供に係る調理等を委託している場合（図中①取引）であっても、
飲食料品の提供は、高齢者向け住まいの設置者等が入居者に対して行うものと認
められることから、金額基準を満たす場合には、軽減税率の適用対象となります
（図中①″）。なお、受託者たる給食サービス業者の行う調理等に係る役務の提供
は、委託者たる当該設置者等に対する役務の提供になりますので、軽減税率の適
用対象外となります（図中①′）。

　また、給食サービス事業者が入居者と直接契約して飲食料品を提供する場合で
あっても、高齢者向け住まいの設置者等が、当該給食サービス業者に入居者に対
する飲食料品の提供を委託する基本契約を締結した上で、当該給食サービス業者

が入居者に飲食料品の提供を行う場合（図中②取引）においては、当該給食サービス業者は高齢者向け住まいの一部の運営者に該当するため、当該飲食料品の提供は、金額基準を満たす限り、軽減税率の適用対象となります。

　これに対し、当該給食サービス業者が入居者に飲食料品の提供を行う場合であっても、高齢者向け住まいの設置者等が給食サービス業者に飲食料品の提供を委託する契約を締結していない場合には、高齢者向け住まいの設置者等が入居者に対して行う飲食料品の提供とは認められませんので、軽減税率の適用対象外となります。

※　なお、高齢者向け住まいの設置者等と給食サービス業者に資本関係（100％子会社など）があったとしても両社は別法人であり、上記の考え方は、基本的に変わりません。

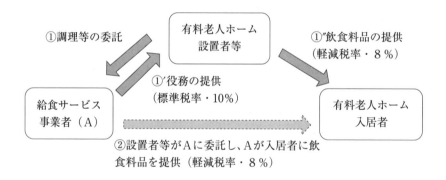

≪入居者が購入する宅配弁当≫

【問13】　入居者が外部業者と契約し、弁当を宅配してもらっている場合、入居者が支払う弁当代金は、軽減税率の適用対象となりますか。

　入居者が外部事業者と契約し、外部事業者が弁当を入居者の指定した場所まで単に届けるような場合、「飲食料品の譲渡」に該当し、軽減税率の適用対象となります（１食640円以上でも対象です。）。ただし、その弁当等の配達後に給仕等の役務の提供が行われる場合には、いわゆる「ケータリング・出張料理」に該当し、軽減税率の適用対象外となります。

≪半調理された食材の購入≫

【問14】　セントラルキッチン方式で、外部業者から半調理された食材を高齢者
　　　　向け住まいの設置者等が購入している場合、この食材代金は軽減税率
　　　　の適用対象となりますか。

　セントラルキッチン（学校・病院等で提供する料理の調理を一手に行う施設。
例：給食センター）方式で、パッケージ化された食材や果物・牛乳などを単に購
入する場合には、「飲食料品の譲渡」に該当し、軽減税率の適用対象となります（1
食640円以上でも対象です。）

　一方、調理委託契約に基づき食材の加工（半調理）を委託し、受託業者が調理
した食材の引渡しを受けている場合は、受託業者が行う役務の提供に該当します
ので、「飲食料品の譲渡」に該当せず、軽減税率の適用対象外となります。

Q 3-47 共生型サービス

共生型サービスの消費税の取扱いについて教えてください。

Answer

　身体障害、精神障害、知的障害等の障害者に対して提供されていた福祉サービスが、障害者が65歳になると介護保険が優先となりそれまでのサービスが受けられなくなってしまっていたことに対して、それまで受けていた障害者福祉サービスに介護保険の事業所を指定することによりそのままサービスを継続できるのが共生型サービスです。

　消費税の取扱いについては以下のようになります。

課税となるもの
特別な規定なし
非課税となるもの
●共生型訪問介護事業 ●共生型通所介護事業 ●共生型短期入所生活介護 　なお、共生型サービスは今後拡大する方向であるため、共生型小規模多機能居宅介護等も候補に挙げられています。

第4章
福祉の消費税

（1）　社会福祉法人の消費税の申告期限について

Q4-1 社会福祉法人の消費税の申告期限について

　社会福祉法人が作成しなければならない各会計年度に係る計算書類の作成期限については、社会福祉法の改正により、平成29年4月1日以降、毎会計年度終了後三月以内とされました（従前は毎会計年度終了後二月以内）。

　当法人は社会福祉法人ですが、当該改正による計算書類の作成期限の延長を理由として、消費税の申告書の提出期限の特例（消法60⑧）の適用を受けることができますか。

　なお、当法人は、発生主義により経理することとされているため、「国又は地方公共団体に準ずる法人の資産の譲渡等の時期の特例」（消令74①）の承認を受けていません。

Answer

　社会福祉法人等の消費税法別表第三に掲げる法人のうち、法令によりその決算を完結する日が会計年度の末日の翌日以後二月以上を経過した日と定められていることその他特別な事情があるもので消費税法第60条第8項に規定する申告書の提出期限の特例の適用を受けることにつき所轄税務署長の承認を受けたものは、その課税期間の末日の翌日から六月以内の期間を限度として、当該申告書の提出期限を延長することができることとされています。

　また、この場合の「その他特別な事情があるもの」とは、消費税法基本通達16-3-2の2において、原則として次のような場合であることを具体的に示しています。

1.　①法令によりその決算を完結する日が会計年度の末日の翌日から2月を経過

　する日と定められている場合

2．②①以外の場合で、法令により事業年度終了の日の翌日から2月を経過した日以後に当該法人の決算について所管官庁の承認を受けることとされているもののうち、決算関係書類の所管官庁への提出期限が定められている場合（法令において単に、決算書等を所管官庁へ提出することが義務付けられている場合は含まれない）

3．③①及び②以外で、消費税法施行令第74条第1項に規定する「国又は地方公共団体に準ずる法人の資産の譲渡等の時期の特例」の承認を受けた法人

　ご質問の社会福祉法の改正による計算書類の作成期限の延長は、上記①から③までのいずれにも該当せず、消費税法施行令第76条第1項に規定する「その他特別な事情があるもの」とは認められませんので、消費税法第60条第8項に規定する申告書の提出期限の特例の適用を受けることはできません。

【国税庁　質疑応答事例】

（2） 社会福祉事業

Q 4−2　社会福祉事業

　老人福祉センター、児童厚生施設を経営する事業について、老人以外の者が老人福祉センターを利用する場合や児童以外の者が児童厚生施設を利用するような場合には消費税は課税されますか。

Answer

　社会福祉事業については、消費税法別表第二第7号ロにおいて「社会福祉事業」及び「更生保護事業として行われる資産の譲渡等」を非課税としています。

　ご質問の老人福祉センター、児童厚生施設を経営する事業については、社会福祉法第2条において記載されている事業に該当するため、本来の趣旨に従い利用されている限り非課税となります。

【国税庁　質疑応答事例より】

---

(1)　社会福祉法第2条に規定する社会福祉事業

(消法別表第二第7号ロ)

①　第一種社会福祉事業

　イ　生活保護法に規定する救護施設、更生施設その他生計困難者を無料又は低額な料金で入所させて生活の扶助を行うことを目的とする施設を経営する事業及び生計困難者に対して助葬を行う事業

　ロ　児童福祉法に規定する乳児院、母子生活支援施設、児童養護施設、障害児入所施設、児童心理治療施設又は児童自立支援施設を経営する事業

　ハ　老人福祉法に規定する養護老人ホーム、特別養護老人ホーム又は軽費老人ホームを経営する事業

　ニ　障害者総合支援法に規定する障害者支援施設を経営する事業（障害者支援施設を経営する事業において生産活動としての作業に基づき行われる資産の譲渡

　等を除く。）
　　ホ　売春防止法に規定する婦人保護施設を経営する事業
　　ヘ　授産施設を経営する事業及び生計困難者に対して無利子又は低利で資金を融
　　　通する事業（授産施設を経営する事業において生産活動としての作業に基づき
　　　行われる資産の譲渡等を除く。）
②　第二種社会福祉事業
　　イ　生計困難者に対して、その住居で衣食その他日常の生活必需品若しくはこれ
　　　に要する金銭を与え、又は生活に関する相談に応ずる事業
　　ロ　生活困窮者自立支援法に規定する認定生活困窮者就労訓練事業（認定生活困
　　　窮者就労訓練事業において生産活動としての作業に基づき行われる資産の譲渡
　　　等を除く。）
　　ハ　児童福祉法に規定する障害児通所支援事業、障害児相談支援事業、児童自立
　　　生活援助事業、放課後児童健全育成事業、子育て短期支援事業、乳児家庭全戸
　　　訪問事業、養育支援訪問事業、地域子育て支援拠点事業、一時預かり事業、小
　　　規模住居型児童養育事業、小規模保育事業、病児保育事業又は子育て援助活動
　　　支援事業、同法に規定する助産施設、保育所、児童厚生施設又は児童家庭支援
　　　センターを経営する事業及び児童の福祉の増進について相談に応ずる事業
　　ニ　就学前の子どもに関する教育、保育等の総合的な提供の推進に関する法律に
　　　規定する幼保連携型認定こども園を経営する事業
　　ホ　民間あっせん機関による養子縁組のあっせんに係る児童の保護に関する法律
　　　に規定する養子縁組あっせん事業
　　ヘ　母子及び父子並びに寡婦福祉法に規定する母子家庭等日常生活支援事業、父
　　　子家庭等日常生活支援事業又は寡婦日常生活支援事業及び同法に規定する母
　　　子・父子福祉施設を経営する事業
　　ト　老人福祉法に規定する老人居宅介護等事業(注1)、老人デイサービス事業(注
　　　2)、老人短期入所事業（注3）、小規模多機能型居宅介護事業（注4）、認知
　　　症対応型老人共同生活援助事業（注5）又は複合型サービス福祉事業（注6）
　　　及び同法に規定する老人デイサービスセンター、老人短期入所施設、老人福祉
　　　センター又は老人介護支援センターを経営する事業
　　チ　障害者総合支援法に規定する障害福祉サービス事業（注7）、一般相談支援
　　　事業（注8）、特定相談支援事業（注9）又は移動支援事業（注10）及び同法
　　　に規定する地域活動支援センター（注11）又は福祉ホーム（注12）を経営する
　　　事業（障害福祉サービス事業（生活介護、就労移行支援又は就労継続支援を行
　　　う事業に限る。）又は地域活動支援センターを経営する事業において生産活動
　　　としての作業に基づき行われる資産の譲渡等を除く。）
　　リ　身体障害者福祉法に規定する身体障害者生活訓練等事業、手話通訳事業又は
　　　介助犬訓練事業若しくは聴導犬訓練事業、同法に規定する身体障害者福祉セン

　　ター、補装具製作施設、盲導犬訓練施設又は視聴覚障害者情報提供施設を経営する事業及び身体障害者の更生相談に応ずる事業

　ヌ　知的障害者福祉法に規定する知的障害者の更生相談に応ずる事業

　ル　生計困難者のために、無料又は低額な料金で、簡易住宅を貸し付け、又は宿泊所その他の施設を利用させる事業

　ヲ　生計困難者のために、無料又は低額な料金で診療を行う事業

　ワ　生計困難者に対して、無料又は低額な費用で介護保険法に規定する介護老人保健施設又は介護医療院を利用させる事業

　カ　隣保事業（隣保館等の施設を設け、無料又は低額な料金でこれを利用させることその他その近隣地域における住民の生活の改善及び向上を図るための各種の事業を行うものをいう。）

　ヨ　福祉サービス利用援助事業（精神上の理由により日常生活を営むのに支障がある者に対して、無料又は低額な料金で、福祉サービス（第一種社会福祉事業及びイ～カの事業において提供されるものに限る。）の利用に関し相談に応じ、及び助言を行い、並びに福祉サービスの提供を受けるために必要な手続又は福祉サービスの利用に要する費用の支払に関する便宜を供与することその他の福祉サービスの適切な利用のための一連の援助を一体的に行う事業をいう。）

　タ　（略）

(2)　更生保護事業法第2条第1項に規定する更生保護事業

（消法別表第二第7号ロ）

老人居宅生活支援事業（老人福祉法）

種　類	対　象　者	対象サービス
老人居宅介護等事業（注1）	65歳以上の者であって、身体上又は精神上の障害があるために日常生活を営むのに支障があるもの	訪問介護
		定期巡回・随時対応型訪問介護看護
		夜間対応型訪問介護
		第一号訪問事業
老人デイサービス事業（注2）	65歳以上の者であって、身体上又は精神上の障害があるために日常生活を営むのに支障があるもの	通所介護
		地域密着型通所介護
		認知症対応型通所介護
		介護予防認知症対応型通所介護
		第一号通所事業

老人短期入所事業（注3）	65歳以上の者であって、養護者の疾病その他の理由により、居宅において介護を受けることが一時的に困難となったもの	短期入所生活介護
		介護予防短期入所生活介護
小規模多機能型居宅介護事業（注4）	65歳以上の者であって、身体上又は精神上の障害があるために日常生活を営むのに支障があるもの	小規模多機能型居宅介護
		介護予防小規模多機能型居宅介護
認知症対応型老人共同生活援助事業（注5）	65歳以上の者であって、認知症であるために日常生活を営むのに支障があるもの	認知症対応型共同生活介護
		介護予防認知症対応型共同生活介護
複合型サービス福祉事業（注6）	65歳以上の者であって、身体上又は精神上の障害があるために日常生活を営むのに支障があるもの	複合型サービス(訪問介護、通所介護、短期入所生活介護、定期巡回・随時対応型訪問介護看護、夜間対応型訪問介護、地域密着型通所介護、認知症対応型通所介護又は小規模多機能型居宅介護を含むものに限る。)

（注1）　老人居宅介護等事業

　　　　老人福祉法第10条の４第１項第１号の措置に係る者又は介護保険法の規定による訪問介護に係る居宅介護サービス費、定期巡回・随時対応型訪問介護看護若しくは夜間対応型訪問介護に係る地域密着型介護サービス費の支給に係る者その他の政令で定める者につき、これらの者の居宅において入浴、排せつ、食事等の介護その他の日常生活を営むのに必要な便宜であって厚生労働省令で定めるものを供与する事業又は同法第115の45第１項第１号イに規定する第一号訪問事業（以下「第一号訪問事業」という。）であって厚生労働省令で定めるものをいう（老人福祉法第５条の２第２項）。

〈老人福祉法第10条の４〉

　　　　市町村は、必要に応じて、次の措置を採ることができる。

　　　一　65歳以上の者であって、身体上又は精神上の障害があるために日常生活を営むのに支障があるものが、やむを得ない事由により介護保険法に規定する訪問介護、定期巡回・随時対応型訪問介護看護（厚生労働省令で定める部分に限る。第20条の８第４項において同じ。）若しくは夜間対応型訪問介護又は第一号訪問事業を利用することが著しく困難であると認めるときは、その者につき、政令で定める基準に従い、その者の居宅において第５条の２第２項の厚生労働省令で定める便宜を供与し、

又は当該市町村以外の者に当該便宜を供与することを委託すること。

（注2）　老人デイサービス事業

　　　　老人福祉法第10条の4第1項第2号の措置に係る者又は介護保険法の規定による通所介護に係る居宅介護サービス費、地域密着型通所介護若しくは認知症対応型通所介護に係る地域密着型介護サービス費若しくは介護予防認知症対応型通所介護に係る地域密着型介護予防サービス費の支給に係る者その他の政令で定める者（その者を現に養護する者を含む。）を特別養護老人ホームその他の厚生労働省令で定める施設に通わせ、これらの者につき入浴、排せつ、食事等の介護、機能訓練、介護方法の指導その他の厚生労働省令で定める便宜を供与する事業又は同法第115条の45第1項第1号ロに規定する第一号通所事業（以下「第一号通所事業」という。）であって厚生労働省令で定めるものをいう（老人福祉法第5条の2第3項）。

〈老人福祉法第10条の4〉

　　　市町村は、必要に応じて、次の措置を採ることができる。

　　二　65歳以上の者であって、身体上又は精神上の障害があるために日常生活を営むのに支障があるものが、やむを得ない事由により介護保険法に規定する通所介護、地域密着型通所介護、認知症対応型通所介護若しくは介護予防認知症対応型通所介護又は第一号通所事業を利用することが著しく困難であると認めるときは、その者（養護者を含む。）を、政令で定める基準に従い、当該市町村の設置する老人デイサービスセンター若しくは第5条の2第3項の厚生労働省令で定める施設（以下「老人デイサービスセンター等」という。）に通わせ、同項の厚生労働省令で定める便宜を供与し、又は当該市町村以外の者の設置する老人デイサービスセンター等に通わせ、当該便宜を供与することを委託すること。

（注3）　老人短期入所事業

　　　　老人福祉法第10条の4第1項第3号の措置に係る者又は介護保険法の規定による短期入所生活介護に係る居宅介護サービス費若しくは介護予防短期入所生活介護に係る介護予防サービス費の支給に係る者その他の政令で定める者を特別養護老人ホームその他の厚生労働省令で定める施設に短期間入所させ、養護する事業をいう（老人福祉法第5条の2第4項）。

〈老人福祉法第10条の4〉

　　　市町村は、必要に応じて、次の措置を採ることができる。

　　三　65歳以上の者であって、養護者の疾病その他の理由により、居宅において介護を受けることが一時的に困難となったものが、やむを得ない事由により介護保険法に規定する短期入所生活介護又は介護予防短期入所生活介護を利用することが著しく困難であると認めるときは、その者を、政令で定める基準に従い、当該市町村の設置する老人短期入所施設若しくは第5条の2第4項の厚生労働省令で定める施設（以下「老人短期入所施設等」という。）に短期間入所させ、養護を行い、又は当該

　　市町村以外の者の設置する老人短期入所施設等に短期間入所させ、養護することを
　　委託すること。
（注4）　小規模多機能型居宅介護事業
　　老人福祉法第10条の4第1項第4号の措置に係る者又は介護保険法の規定によ
　る小規模多機能型居宅介護に係る地域密着型介護サービス費若しくは介護予防小
　規模多機能型居宅介護に係る地域密着型介護予防サービス費の支給に係る者その
　他の政令で定める者につき、これらの者の心身の状況、置かれている環境等に応
　じて、それらの者の選択に基づき、それらの者の居宅において、又は厚生労働省
　令で定めるサービスの拠点に通わせ、若しくは短期間宿泊させ、当該拠点におい
　て、入浴、排せつ、食事等の介護その他の日常生活を営むのに必要な便宜であっ
　て厚生労働省令で定めるもの及び機能訓練を供与する事業をいう（老人福祉法第
　5条の2第5項)。
〈老人福祉法第10条の4〉
　　市町村は、必要に応じて、次の措置を採ることができる。
　　四　65歳以上の者であって、身体上又は精神上の障害があるために日常生活を営むの
　　　に支障があるものが、やむを得ない事由により介護保険法に規定する小規模多機能
　　　型居宅介護又は介護予防小規模多機能型居宅介護を利用することが著しく困難であ
　　　ると認めるときは、その者につき、政令で定める基準に従い、その者の居宅におい
　　　て、又は第5条の2第5項の厚生労働省令で定めるサービスの拠点に通わせ、若し
　　　くは短期間宿泊させ、当該拠点において、同項の厚生労働省令で定める便宜及び機
　　　能訓練を供与し、又は当該市町村以外の者に当該便宜及び機能訓練を供与すること
　　　を委託すること。
（注5）　認知症対応型老人共同生活援助事業
　　老人福祉法第10条の4第1項第5号の措置に係る者又は介護保険法の規定によ
　る認知症対応型共同生活介護に係る地域密着型介護サービス費若しくは介護予防
　認知症対応型共同生活介護に係る地域密着型介護予防サービス費の支給に係る者
　その他の政令で定める者につき、これらの者が共同生活を営むべき住居において
　入浴、排せつ、食事等の介護その他の日常生活上の援助を行う事業をいう（老人
　福祉法第5条の2第6項)。
〈老人福祉法第10条の4〉
　　市町村は、必要に応じて、次の措置を採ることができる。
　　五　65歳以上の者であって、認知症（介護保険法第5条の2に規定する認知症をいう。
　　　以下同じ。）であるために日常生活を営むのに支障があるもの（その者の認知症の
　　　原因となる疾患が急性の状態にある者を除く。）が、やむを得ない事由により同法
　　　に規定する認知症対応型共同生活介護又は介護予防認知症対応型共同生活介護を利
　　　用することが著しく困難であると認めるときは、その者につき、政令で定める基準
　　　に従い、第5条の2第6項に規定する住居において入浴、排せつ、食事等の介護そ

の他の日常生活上の援助を行い、又は当該市町村以外の者に当該住居において入浴、排せつ、食事等の介護その他の日常生活上の援助を行うことを委託すること。

（注6）　複合型サービス福祉事業

老人福祉法第10条の4第1項第6号の措置に係る者又は介護保険法の規定による複合型サービス（訪問介護、通所介護、短期入所生活介護、定期巡回・随時対応型訪問介護看護、夜間対応型訪問介護、地域密着型通所介護、認知症対応型通所介護又は小規模多機能型居宅介護（以下「訪問介護等」という。）を含むものに限る。）に係る地域密着型介護サービス費の支給に係る者その他の政令で定める者につき、同法に規定する訪問介護、訪問入浴介護、訪問看護、訪問リハビリテーション、居宅療養管理指導、通所介護、通所リハビリテーション、短期入所生活介護、短期入所療養介護、定期巡回・随時対応型訪問介護看護、夜間対応型訪問介護、認知症対応型通所介護又は小規模多機能型居宅介護を二種類以上組み合わせることにより提供されるサービスのうち、当該訪問看護及び小規模多機能型居宅介護の組合せその他の居宅要介護者について一体的に提供されることが特に効果的かつ効率的なサービスの組合せにより提供されるサービスとして厚生労働省令で定めるものを供与する事業をいう（老人福祉法第5条の2第7項）。

〈老人福祉法第10条の4〉

六　65歳以上の者であって、身体上又は精神上の障害があるために日常生活を営むのに支障があるものが、やむを得ない事由により介護保険法に規定する複合型サービス（訪問介護等（定期巡回・随時対応型訪問介護看護にあっては、厚生労働省令で定める部分に限る。）に係る部分に限る。第20条の8第4項において同じ。）を利用することが著しく困難であると認めるときは、その者につき、政令で定める基準に従い、第5条の2第7項の厚生労働省令で定めるサービスを供与し、又は当該市町村以外の者に当該サービスを供与することを委託すること。

（注7）　障害福祉サービス事業（障害者総合支援法）の一部

種　類	対　象　者	対象サービス
居宅介護	障害者等	居宅において入浴、排せつ又は食事の介護その他の主務省令で定める便宜を供与すること
重度訪問介護	重度の肢体不自由者その他の障害者であって常時介護を要する障害者	居宅又はこれに相当する場所として主務省令で定める場所における入浴、排せつ又は食事の介護その他の主務省令で定める便宜及び外出時における移動中の介護を総合的に供与すること

同行援護	視覚障害により、移動に著しい困難を有する障害者等	外出時において、当該障害者等に同行し、移動に必要な情報を提供するとともに、移動の援護その他の主務省令で定める便宜を供与すること
行動援護	知的障害又は精神障害により行動上著しい困難を有する障害者等であって常時介護を要するもの	当該障害者等が行動する際に生じ得る危険を回避するために必要な援護、外出時における移動中の介護その他の主務省令で定める便宜を供与すること
短期入所	居宅においてその介護を行う者の疾病その他の理由により、障害者支援施設その他の主務省令で定める施設への短期間の入所を必要とする障害者等	当該施設に短期間の入所をさせ、入浴、排せつ又は食事の介護その他の主務省令で定める便宜を供与すること
共同生活援助	障害者	主として夜間において、共同生活を営むべき住居において相談、入浴、排せつ又は食事の介護その他の日常生活上の援助を行うこと

（注8）　一般相談支援事業（障害者総合支援法第5条第18項から第21項）
基本相談支援及び地域相談支援（地域移行支援及び地域定着支援）のいずれも行う事業

基本相談支援	地域の障害者等の福祉に関する各般の問題につき、障害者等、障害児の保護者又は障害者等の介護を行う者からの相談に応じ、必要な情報の提供及び助言を行い、併せてこれらの者と市町村及び第29条第2項に規定する指定障害福祉サービス事業者等との連絡調整その他の主務省令で定める便宜を総合的に供与すること
地域移行支援	障害者支援施設、のぞみの園若しくは第1項若しくは第6項の主務省令で定める施設に入所している障害者又は精神科病院に入院している精神障害者その他の地域における生活に移行するための重点的な支援を必要とする者であって主務省令で定めるものにつき、住居の確保その他の地域における生活に移行するための活動に関する相談その他の主務省令で定める便宜を供与すること

地域定着支援	居宅において単身その他の主務省令で定める状況において生活する障害者につき、当該障害者との常時の連絡体制を確保し、当該障害者に対し、障害の特性に起因して生じた緊急の事態その他の主務省令で定める場合に相談その他の便宜を供与すること

（注９）　**特定相談支援事業**（障害者総合支援法第５条第18項、第19項、第22項、第23項）
基本相談支援及び計画相談支援(サービス利用支援及び継続サービス利用支援)
のいずれも行う事業

基本相談支援	地域の障害者等の福祉に関する各般の問題につき、障害者等、障害児の保護者又は障害者等の介護を行う者からの相談に応じ、必要な情報の提供及び助言を行い、併せてこれらの者と市町村及び第29条第２項に規定する指定障害福祉サービス事業者等との連絡調整その他の主務省令で定める便宜を総合的に供与すること
サービス利用支援	第20条第１項若しくは第24条第１項の申請に係る障害者等又は第51条の６第１項若しくは第51条の９第１項の申請に係る障害者の心身の状況、その置かれている環境、当該障害者等又は障害児の保護者の障害福祉サービス又は地域相談支援の利用に関する意向その他の事情を勘案し、利用する障害福祉サービス又は地域相談支援の種類及び内容その他の主務省令で定める事項を定めた計画を作成し、第19条第１項に規定する支給決定、第24条第２項に規定する支給決定の変更の決定、第51条の５第１項に規定する地域相談支援給付決定又は第51条の９第２項に規定する地域相談支援給付決定の変更の決定が行われた後に、第29条第２項に規定する指定障害福祉サービス事業者等、第51条の14第１項に規定する指定一般相談支援事業者その他の者との連絡調整その他の便宜を供与するとともに、当該支給決定等に係る障害福祉サービス又は地域相談支援の種類及び内容、これを担当する者その他の主務省令で定める事項を記載した計画を作成すること
継続 サービス利用支援	第19条第１項の規定により支給決定を受けた障害者若しくは障害児の保護者又は第51条の５第１項の規定により地域相談支援給付決定を受けた障害者が、第23条に規定する支給決定の有効期間又は第51条の８に規定する地域相談支援給付決定の有効期間内において継続して障害福祉サービス又は地域相談支援を適切に利用することができるよう、当該支給決定障害者等又は地域相談支援給付決定障害者に係るサービス等利用計画が適切であるかどうかに

つき、主務省令で定める期間ごとに、当該支給決定障害者等の障害福祉サービス又は当該地域相談支援給付決定障害者の地域相談支援の利用状況を検証し、その結果及び当該支給決定に係る障害者等又は当該地域相談支援給付決定に係る障害者の心身の状況、その置かれている環境、当該障害者等又は障害児の保護者の障害福祉サービス又は地域相談支援の利用に関する意向その他の事情を勘案し、サービス等利用計画の見直しを行い、その結果に基づき、次のいずれかの便宜の供与を行うこと
一　サービス等利用計画を変更するとともに、関係者との連絡調整その他の便宜の供与を行うこと
二　新たな支給決定若しくは地域相談支援給付決定又は支給決定の変更の決定若しくは地域相談支援給付決定の変更の決定が必要であると認められる場合において、当該支給決定等に係る障害者又は障害児の保護者に対し、支給決定等に係る申請の勧奨を行うこと

（注10）　**移動支援事業**（障害者総合支援法第5条第26項）
　　　障害者等が円滑に外出することができるよう、障害者等の移動を支援する事業
（注11）　**地域活動支援センター**（障害者総合支援法第5条第27項）
　　　障害者等を通わせ、創作的活動又は生産活動の機会の提供、社会との交流の促進その他の主務省令で定める便宜を供与する施設
（注12）　**福祉ホーム**（障害者総合支援法第5条第28項）
　　　現に住居を求めている障害者につき、低額な料金で、居室その他の設備を利用させるとともに、日常生活に必要な便宜を供与する施設

Q 4-3 老人介護支援センター（在宅介護支援センター）の運営委託費

老人介護支援センター（在宅介護支援センター）の運営委託費については、消費税は非課税となりますか。

Answer

消費税法別表第二第7号ロに規定する第二種社会福祉事業に該当することになりますので非課税となります。

老人介護支援センターとは老人福祉法第20条の7の2において、「地域の老人の福祉に関する各般の問題につき、老人、その者を現に養護する者、地域住民その他の者からの相談に応じ、必要な助言を行うとともに、主として居宅において介護を受ける老人又はその者を現に養護する者と市町村、老人居宅生活支援事業を行う者、老人福祉施設、医療施設、老人クラブその他老人の福祉を増進することを目的とする事業を行う者等との連絡調整その他の厚生労働省令で定める援助を総合的に行うことを目的とする施設とする」と規定されています。この老人介護支援センターは第二種社会福祉事業で、消費税法別表第二第7号ロに規定する「社会福祉法第2条に規定する社会福祉事業」に該当するため、消費税は非課税とされます。

課税となるもの
・要介護認定調査に係る委託料 （事務連絡3(6)③）
非課税となるもの
・第二種社会福祉事業に該当することから非課税 （消法別表第二第7号ロ）

Q 4-4 社会福祉事業における課税対象事業

社会福祉事業における課税対象となる事業は、どのようなものがありますか。

Answer

社会福祉事業は原則として非課税とされていますが、次の①～③の施設において生産活動としての作業に基づき行われる資産の譲渡等は、消費税の課税対象となります（消法別表第二第 7 号ロ）。

生産活動としての作業に基づく資産の譲渡等とは、身体上若しくは精神上又は世帯の事情等により、就業能力の限られている者（「要援護者」）の「自立」、「自活」及び「社会復帰」のための訓練、職業供与等の活動において行われる物品の販売、サービスの提供その他の資産の譲渡等をいいます。

ただし、このような生産活動に付随する要援護者に対する養護又は援護及び要援護者に対する給食又は入浴等の便宜供与等は生産活動には該当しません。

生産活動が行われる事業とは、要援護者に対して、就労又は技能の習得のために必要な訓練の提供や職業の供与を行い、要援護者の自立を助長し、自活させることを目的とする次に掲げる施設を経営する事業及び障害者総合支援法に規定する生活介護、就労移行支援又は就労継続支援を行う事業をいいます。

① 「障害者支援施設」又は「授産施設」
② 「認定生活困窮者就労訓練事業」
③ 「地域活動支援センター」

上記事業において行われる就労又は技能の習得のために必要な訓練等の過程において制作等される物品の販売その他の資産の譲渡等は、課税されることとなります。

Q 4-5　障害者就労継続支援Ｂ型事業における利用者へ支払う工賃

障害者就労継続支援Ａ型事業及びＢ型事業において、利用者に支払う工賃は仕入税額控除の対象となりますか。

Answer

就労継続支援Ａ型事業は事業者と障害者との間で雇用契約を結び、当該雇用契約に基づき給与が支払われるため、その報酬は給与に該当することとなり仕入税額控除をすることはできません。

就労継続支援Ｂ型事業は事業者と障害者との間で雇用契約は結ぶことはせず、一見すると仕事の成果に応じた出来高払いによる報酬となり、仕入税額控除の対象となるように考えられます。しかしながら、「障害者の日常生活及び社会生活を総合的に支援するための法律に基づく指定障害福祉サービスの事業等の人員、設備及び運営に関する基準（平成18年厚生労働省令第171号）」第201条第１項において、「生産活動に係る事業の収入から生産活動に係る事業に必要な経費を控除した額に相当する金額」を工賃として支払わなければならないと定義しています。これは収入から経費を差し引いた金額を工賃として支払うということであり、そこには出来高払いや役務の提供の対価に該当するとはいえないことから、仕入税額控除の対象とはなりません。

（工賃の支払等）

第201条　指定就労継続支援Ｂ型の事業を行う者（以下「指定就労継続支援Ｂ型事業者」という。）は、利用者に、生産活動に係る事業の収入から生産活動に係る事業に必要な経費を控除した額に相当する金額を工賃として支払わなければならない。

Q 4-6　移動支援事業と福祉有償運送事業にかかる消費税の課税関係

障害者施設を営んでいる社会福祉法人ですが、利用者に社会生活上必要不可欠な外出や社会参加のための外出の支援を行うことを考えています。その場合にどのような方法があり、それぞれの利用料に対しての消費税の課税関係がどのようになるかを教えてください。

Answer

利用者に社会生活上必要不可欠な外出や社会参加のための外出の支援を行うには、障害者総合支援法に規定する移動支援事業と道路運送法第79条に規定する福祉有償運送が考えられ、それぞれの概要並びに消費税の課税関係は以下の通りです。

① 障害者総合支援法に規定する移動支援事業

　利用者に社会生活上必要不可欠な外出や社会参加のための外出に対して、移動介助や同行援護などを行う場合に、事前に「障害者の日常生活及び社会生活を総合的に支援するための法律に基づく指定障害福祉サービスの事業等の人員、設備及び運営に関する基準」の指定基準を満たし、かつ、市町村の指定を受けたときには市町村が行う地域生活支援事業における移動支援事業のサービスの提供を行うことができます。この場合の移動支援の対象者は障害者等であって、市町村が外出時に移動の支援が必要と認めた者になります。障害者総合支援法に規定する移動支援事業は、社会福祉法上、第2種社会福祉事業とされているため、利用料に対する消費税は非課税となります。

② 道路運送法第79条に規定する福祉有償運送

　福祉有償運送事業は、社会福祉法人等が要介護者や身体障害者等の会員に対して、実費の範囲内で、乗車定員11人未満の自動車を使用して、原則としてドア・ツー・ドアの個別輸送を行うものです。対象者としては、①身体障害者の方（身体障害者福祉法第4条に規定する対象の方）、②精神障害者の方（精神

保健及び精神障害者福祉に関する法律第5条に規定する対象の方）、③知的障害者の方（障害者の雇用の促進等に関する法律第2条第4号に規定する対象の方）、④要介護認定を受けている方（介護保険法第19条第1項に規定する対象の方）となります。利用料に対する消費税は、障害者総合支援法に規定する移動支援事業所としての登録を行わずに実施する場合には、課税対象となります。

（3）　社会福祉事業に類する事業

Q 4－7　社会福祉事業に類する事業

　　社会福祉事業には該当しませんが社会福祉事業に類する事業として非課税となる事業があると聞きました。どのような事業でしょうか。

Answer

　消費税法第6条別表第二第7号ハにおいて、社会福祉事業に類する事業として行われる資産の譲渡等は非課税とされています。

　そして、消費税法施行令第14条の3は、「法別表第二第7号ハに規定する政令で定めるものは、次に掲げるものとする。」として次の事業を挙げています。

社会福祉事業等に類するもの

（消法別表第二第7号ハ、消令14の3）

① 児童福祉法に規定する児童福祉施設を経営する事業及び保育所を経営する事業に類する事業として行われる資産の譲渡等として内閣総理大臣が財務大臣と協議して指定するもの

（消基通6－7－7の2）

② 児童福祉法の規定に基づき指定発達医療機関が行う同法に規定する治療等

③ 児童福祉法に規定する一時保護

④ （略）

⑤ 介護保険法第115条の46第1項（地域包括支援センター）に規定する包括的支援事業として行われる資産の譲渡等（社会福祉法に規定する老人介護支援センターを経営する事業に類する事業として厚生労働大臣が財務大臣と協議して指定するものに限る。）

　1　地域の老人の福祉に関する各般の問題につき、老人、その者を現に養護する者（「養護者」）、地域住民その他の者からの相談に応じ、介護保険法に規定する介護給付等対象サービスその他の保健医療サービス又は福祉サービス、権利

擁護のための必要な援助等の利用に必要な助言を行う事業

2 　地域における保健医療、福祉の関係者その他の者との連携体制の構築及びその連携体制の活用、居宅への訪問等の方法による主として居宅において介護を受ける老人（以下「介護を受ける老人」という。）に係る状況の把握を行う事業

3 　介護給付等対象サービスその他の保健医療サービス又は福祉サービス、権利擁護のための必要な援助等を利用できるよう、介護を受ける老人又は養護者と市町村、老人居宅生活支援事業を行う者、老人福祉施設、医療施設、老人クラブその他老人の福祉を増進することを目的とする事業を行う者等との連絡調整を行う事業

4 　その他介護を受ける老人又は養護者に必要な援助として行う次に掲げる事業
　イ　介護を受ける老人が要介護状態又は要支援状態となることを予防するため、その心身の状況、その置かれている環境その他の状況に応じて、その選択に基づき、介護予防に関する事業（介護保険法に規定する予防給付に係るものを除く。）その他の適切な事業が包括的かつ効率的に提供されるよう必要な援助を行う事業（介護保険法第115条の45第1項第1号に規定する介護予防・日常生活支援総合事業に係る事業を除く。）
　ロ　介護保険法に規定する介護支援専門員への支援、介護給付等対象サービスその他の保健医療サービス又は福祉サービス等の連携体制の確保等により、介護を受ける老人が地域において自立した日常生活を営むことができるよう、包括的かつ継続的な支援を行う事業
　ハ　医療に関する専門知識を有する者が、介護サービス事業者、居宅における医療を提供する医療機関その他の関係者の連携を推進するものとして、介護保険法施行規則第140条の62の8各号に掲げる事業を行う事業（ロに掲げる事業を除く。）
　ニ　介護を受ける老人の地域における自立した日常生活の支援及び要介護状態等となることの予防又は要介護状態等の軽減若しくは悪化の防止に係る体制の整備その他のこれらを促進する事業
　ホ　保健医及び福祉に関する専門的知識を有する者による認知症の早期における症状の悪化防止のための支援その他認知症である又はその疑いのある介護を受ける老人に対する総合的な支援を行う事業

（H18．3．31　厚生労働省告示第311号）

⑥　子ども・子育て支援法の規定に基づく施設型給付費、特例施設型給付費、地域型保育給付費又は特例地域型保育給付費の支給に係る事業として行われる資産の譲渡等

⑦　母子保健法第17条の2第1項に規定する産後ケア事業として行われる資産の譲渡等（法別表第二第8号に掲げるものを除く。）

⑧　前各号に掲げるもののほか、老人福祉法第5条の2第1項（定義）に規定する老人居宅生活支援事業、障害者総合支援法第5条第1項（定義）に規定する障害福祉サービス事業（同項に規定する居宅介護、重度訪問介護、同行援護、行動援護、短期入所及び共同生活援助に係るものに限る。）その他これらに類する事業として行われる資産の譲渡等のうち、国又は地方公共団体の施策に基づきその要する費用が国又は地方公共団体により負担されるものとして内閣総理大臣及び厚生労働大臣が財務大臣と協議して指定するもの

(H3.6.7　厚生省告示129号)

(注1)　老人居宅生活支援事業（老人福祉法）

種　類	対　象　者	対象サービス
老人居宅介護等事業	65歳以上の者であって、身体上又は精神上の障害があるために日常生活を営むのに支障があるもの	訪問介護
		定期巡回・随時対応型訪問介護看護
		夜間対応型訪問介護
		第一号訪問事業
老人デイサービス事業	65歳以上の者であって、身体上又は精神上の障害があるために日常生活を営むのに支障があるもの	通所介護
		地域密着型通所介護
		認知症対応型通所介護
		介護予防認知症対応型通所介護
		第一号通所事業
老人短期入所事業	65歳以上の者であって、養護者の疾病その他の理由により、居宅において介護を受けることが一時的に困難となったもの	短期入所生活介護
		介護予防短期入所生活介護
小規模多機能型居宅介護事業	65歳以上の者であって、身体上又は精神上の障害があるために日常生活を営むのに支障があるもの	小規模多機能型居宅介護
		介護予防小規模多機能型居宅介護
認知症対応型老人共同生活援助事業	65歳以上の者であって、認知症であるために日常生活を営むのに支障があるもの	認知症対応型共同生活介護
		介護予防認知症対応型共同生活介護

複合型サービ ス福祉事業	65歳以上の者であって、身体上又は精神上の障害があるために日常生活を営むのに支障があるもの	複合型サービス(訪問介護、通所介護、短期入所生活介護、定期巡回・随時対応型訪問介護看護、夜間対応型訪問介護、地域密着型通所介護、認知症対応型通所介護又は小規模多機能型居宅介護を含むものに限る。)

(各事業の詳細はQ4-2参照)

(注2)　障害福祉サービス事業（障害者総合支援法）の一部

種　類	対　象　者	対象サービス
居宅介護	障害者等	居宅において入浴、排せつ又は食事の介護その他の主務省令で定める便宜を供与すること
重度訪問介護	重度の肢体不自由者その他の障害者であって常時介護を要する障害者	居宅又はこれに相当する場所として主務省令で定める場所における入浴、排せつ又は食事の介護その他の主務省令で定める便宜及び外出時における移動中の介護を総合的に供与すること
同行援護	視覚障害により、移動に著しい困難を有する障害者等	外出時において、当該障害者等に同行し、移動に必要な情報を提供するとともに、移動の援護その他の主務省令で定める便宜を供与すること
行動援護	知的障害又は精神障害により行動上著しい困難を有する障害者等であって常時介護を要するもの	当該障害者等が行動する際に生じ得る危険を回避するために必要な援護、外出時における移動中の介護その他の主務省令で定める便宜を供与すること
短期入所	居宅においてその介護を行う者の疾病その他の理由により、障害者支援施設その他の主務省令で定める施設への短期間の入所を必要とする障害者等	当該施設に短期間の入所をさせ、入浴、排せつ又は食事の介護その他の主務省令で定める便宜を供与すること

共同生活援助	障害者	主として夜間において、共同生活を営むべき住居において相談、入浴、排せつ又は食事の介護その他の日常生活上の援助を行うこと

（各事業の詳細はＱ４－２参照）

Q 4−8　認可外保育所の利用料①

認可外保育所でも利用料が非課税となる場合があるのでしょうか。

Answer

1．非課税の対象となる認可外保育施設

　都道府県知事の認可を受けていない保育施設（以下「認可外保育施設」）のうち、一定の基準（認可外保育施設指導監督基準）を満たすもので、都道府県知事等からその基準を満たす旨の証明書の交付を受けた施設の利用料については、社会福祉事業に類する事業として、児童福祉法の規定に基づく認可を受けて設置された保育所（以下「保育所」）の保育料と同様に非課税とされます（消令14の3一、消基通6−7−7の2）。

「保育所を経営する事業に類する事業」とは

　児童福祉法第59条の2第1項《認可外保育施設の届出》の規定による届出を行っている施設が、平成17年厚生労働省告示第128号「消費税法施行令第14条の3第1号の規定に基づき内閣総理大臣が指定する保育所を経営する事業に類する事業として行われる資産の譲渡等」に定める要件を満たし、都道府県知事等から当該事項を満たしている旨の証明書の交付を受けている場合に、当該施設において乳児又は幼児を保育する業務。

(消基通6−7−7の2)

消費税法施行令第14条の3第1号の規定に基づき内閣総理大臣が指定する保育所を経営する事業に類する事業として行われる資産の譲渡等（抄）

平成17年3月31日
厚生労働省告示第128号
最終改正：令和5年3月31日厚生労働省令第151号

第1　1日に保育する乳幼児の数が6人以上である施設（次に掲げる事項のいずれも満たすもの）
　一　保育に従事する者の数及び資格
　1　保育に従事する者の数は、施設の主たる開所時間である11時間（開所時間が

11時間以内である場合にあっては、当該開所時間）について、乳児おおむね３人につき１人以上、満１歳以上満３歳に満たない幼児おおむね６人につき１人以上、満３歳以上満４歳に満たない幼児おおむね20人につき１人以上、満４歳以上の幼児おおむね30人につき１人以上であること。ただし、施設１につき２人以上であること。また、主たる開所時間である11時以外の時間帯については、常時２人（保育されている乳幼児の数が１人である時間帯にあっては、１人）以上であること。

2　保育に従事する者のうち、その総数のおおむね３分の１（保育に従事する者が２人以下の場合にあっては、１人）以上に相当する数の者が、保育士又は看護師の資格を有する者（少人数の乳幼児を保育する施設等にあっては、幼稚園教諭免許状を有する者又は都道府県等が実施する研修の受講者等で、都道府県知事が当該施設の保育の実態を勘案して保育士に準じた専門性や経験を有していると認めた場合のこれらの者を含む。）であること。

3　保育士でない者について、保育士、保母、保父その他これらに紛らわしい名称が用いられていないこと。

4　（略）

二　保育室等の構造、設備及び面積

1　乳幼児の保育を行う部屋（以下「保育室」という。）のほか、調理室（給食を施設外で調理している場合、乳幼児が家庭からの弁当の持参している場合等にあっては、食品の加熱、保存、配膳等のために必要な調理機能を有する設備。以下同じ。）及び便所があること。

2　保育室の面積は、乳幼児１人当たりおおむね1.65平方メートル以上であること。

3　おおむね１歳未満の乳幼児の保育を行う場所は、その他の幼児の保育を行う場所と区画され、かつ、安全性が確保されていること。

4　保育室は、採光及び換気が確保され、かつ、安全性が確保されていること。

5　便所用の手洗設備が設けられているとともに、便所は、保育室及び調理室と区画され、かつ、乳幼児が安全に使用できるものであること。

6　便器の数は、幼児おおむね20人につき１以上であること。

三　非常災害に対する措置

四　保育室を二階以上に設ける場合の設備等

五　保育の内容等

六　給食

七　健康管理及び安全確保

八　利用者への情報提供

九　帳簿の備付け

第2　１日に保育する乳幼児の数が５人以下であり、児童福祉法第６条の３第９項

266

に規定する業務又は同上第12項に規定する業務を目的とする施設（次に掲げる事項のいずれも満たすもの）

一〜三（略）
第3　児童福祉法第6条の3第11項に規定する業務を目的とする施設であって、複数の保育に従事する者を雇用しているもの（次に掲げる事項のいずれも満たすもの）

一〜四（略）
第4　児童福祉法第6条の3第11項に規定する業務を目的とする施設であって、第3に掲げる施設以外の施設（次に掲げる事項のいずれも満たすもの）

一〜四（略）

2．非課税となる利用料等の範囲

　1の証明書の交付を受けた認可外保育施設及び幼稚園併設型認可外保育施設が行う資産の譲渡等のうち、消費税が非課税となるのは、乳児又は幼児を保育する業務として行う資産の譲渡等に限られます。

　この場合の乳児又は幼児を保育する業務として行う資産の譲渡等には、保育所において行われる保育サービスと同様のサービスが該当します。具体的には次の料金等を対価とする資産の譲渡等が、これらのサービスに該当することとされています。

(1)　保育料（延長保育、一時保育、病後児保育に係るものを含みます。）
(2)　保育を受けるために必要な予約料、年会費、入園料（入会金・登録料）、送迎料

　また、給食費、おやつ代、施設に備え付ける教材を購入するために徴収する教材費、傷害・賠償保険料の負担金、施設費（暖房費、光熱水費）等のように通常保育料として領収される料金等については、これらが保育料とは別の名目で領収される場合であっても、保育に必要不可欠なものである限りにおいては、(1)、(2)と同様に非課税となります。

3．認可外保育施設が行う資産の譲渡等のうち課税されるもの

　一方、例えば、認可外保育施設及び幼稚園併設型認可外保育施設において施設利用者に対して販売する教材等の販売代金のほか次のような料金等を対価とする資産の譲渡等は、乳児又は幼児を保育する業務として行われるものに該当しない

ので、課税となります。

(1) 施設利用者の選択により付加的にサービスを受けるためのクリーニング代、オムツサービス代、スイミングスクール等の習い事の講習料等

(2) バザー収入

【国税庁　質疑応答事例より】

4．令和2年度改正

　保育所を経営する事業に類する事業として行われる資産の譲渡等が非課税となる認可外保育施設は、令和2年度改正前までは1日当たり6人以上の乳幼児を保育する施設で各都道府県知事等から指導監督基準を満たす旨の証明書の交付を受けた施設に限られていました。しかし、令和元年10月1日からの幼児教育・保育の無償化に合わせて、令和2年度改正により、1日当たり5人以下の乳幼児を保育する施設においても指導監督基準を満たす旨の証明書の交付を受けた施設においては、当該施設において行われる保育にかかる利用料についても非課税となりました。

【「一定の認可外保育施設の利用料に係る消費税の非課税措置の施行について」令和3年3月22日子少発0322代1号】

Q 4-9 　認可外保育所の利用料②

令和２年度改正により消費税が非課税となる認可外保育施設の要件が緩和されたとのことですが、従来、消費税の課税事業者であった認可外の居宅訪問型保育事業者（いわゆるベビーシッター事業者）等についても変更点はありますか？

Answer

令和２年度改正においては、令和元年10月１日からの幼児教育・保育の無償化に合わせて、１日当たり５人以下の乳幼児を保育する施設においても指導監督基準を満たす旨の証明書の交付を受けた施設においては、当該施設において行われる保育にかかる利用料について非課税となりました。そのため１日に保育する乳幼児の数が５人以下である認可外の居宅訪問型保育事業及び認可外の家庭的保育事業（いわゆる保育ママ等）についても、認可外保育施設指導監督基準満たした場合には、その利用料について非課税となりました。

認可外保育施設指導監督基準において認可外の居宅訪問型保育事業及び認可外の家庭的保育事業（いわゆる保育ママ等）で１日に保育する乳幼児の数が常時５人以下である施設に関する要件は下記の通りとなります。

１　保育に従事する者の数及び資格

(1)　１日に保育する乳幼児の数が常時５人以下の施設

　　ア　保育に従事する者の数は、原則として施設の開所時間については常時２人以上であること。ただし、保育に従事する者が保育士、看護師又は家庭的保育研修修了者（「職員の資質向上、人材確保等研修事業の実施について」（平成27年５月21日付雇児発0521第19号）別添４の別表１の１及び２のカリキュラムに基づく研修を修了した者をいう。ただし、研修機関から研修修了証の交付を受けた者でかつカリキュラムの内容が確認できる者に限る。以下同じ。）である場合は、乳幼児の数が３人以下までは１人の配置

とすることができること。

　イ　保育に従事する者のうち1人は、保育士、看護師又は家庭的保育研修修了者であること。

(2)　法第6条の3第11項に規定する業務を目的とする施設※

　ア　原則として、保育に従事する者1人に対して乳幼児1人であること。

　イ　保育に従事する者は、保育士若しくは看護師の資格を有する者又は都道府県知事若しくは指定都市、中核市若しくは児童相談所設置市の市長が行う保育に従事する者に関する研修（都道府県知事がこれと同等以上と認める市町村長（特別区の長を含む。）その他の機関が行う研修を含む。以下同じ。）を修了した者であること。

※法第6条の3第11項に規定する業務を目的とする施設

　この法律で、居宅訪問型保育事業とは、次に掲げる事業をいう。
一　保育を必要とする乳児・幼児であつて満三歳未満のものについて、当該保育を必要とする乳児・幼児の居宅において家庭的保育者による保育を行う事業
二　満三歳以上の幼児に係る保育の体制の整備の状況その他の地域の事情を勘案して、保育が必要と認められる児童であつて満三歳以上のものについて、当該保育が必要と認められる児童の居宅において家庭的保育者による保育を行う事業
2　保育室等の構造設備及び面積
　(2)　1日に保育する乳幼児の数が常時5人以下の施設
　　ア　保育室の面積は、乳幼児が適切に保育を行うことができる広さ（9.9㎡以上）を確保すること。
　　イ　法第6条の3第11項に規定する業務を目的とする施設については、事業の運営を行うために必要な広さを有する専用の区画を設けるほか、保育の実施に必要な設備及び備品を備えること。

【「一定の認可外保育施設の利用料に係る消費税の非課税措置の施行について」令和3年3月22日子少発0322代1号】

Q 4−10 認定こども園の利用料

　いわゆる認定こども園も非課税の対象になったそうですが、具体的に教えてください。

Answer

　Ｑ４−８～Ｑ４−９の通り、保育所及び一定の基準を満たした認可外保育施設における保育料等については消費税が非課税とされていましたが、幼稚園併設型認可外保育施設については、非課税措置の対象とはなっていませんでした。

　このため、平成25年度税制改正により、幼稚園併設型認可以外保育施設のうち一定の基準を満たすことが確認された施設（幼稚園型認定こども園を構成する幼稚園併設型施設）における保育料等について、保育所と同様に消費税が非課税とされました。

　具体的には、児童福祉法施行規則第49条の２第３号に規定する幼稚園を設置する者が当該幼稚園と併せて設置している施設であり、就学前の子どもに関する教育、保育等の総合的な提供の推進に関する法律第３条第３項の規定による認定を受けているもの又は同上第９項の規定による公示がされているものとなります。
（消令14の３一、平成17.3.31厚生労働省告示第128号、平成25年3月29日厚生労働省雇用均等・児童家庭局保育課事務連絡、消基通６−７−７の２(2)）

Q 4－11　産後ケア事業にかかる消費税

　産後ケア事業が非課税となったとのことですが、具体的に教えてください。

Answer

　消費税法施行令に定める「社会福祉事業として行われる資産の譲渡等に類するもの」として非課税とされるものの範囲に「母子保健法第17条の2第1項（産後ケア事業）に規定する産後ケア事業として行われる資産の譲渡等」が加えられました。

　母性及び乳児の健康の保持及び増進を図るため、出産後1年を経過しない女子及び乳児に対して心身のケアや育児のサポート等を行うことにより、出産後も安心して子育てができる支援体制を確保する観点から、平成27年度より予算事業として実施されてきた「産後ケア事業」について、母子保健法等の一部を改正する法律（令和元年法律第69号）による母子保健法の改正により、令和3年4月1日以後、法定化され、各市町村にその実施の努力義務が課されることとなりました（母子保健法17の2）。その上で、産後ケアを受ける対象者の経済的負担を軽減する等の観点から、産後ケア事業として行われる資産の譲渡等について、社会福祉事業に類するものと位置付け、消費税を非課税とすることとされました（消令14の3七）。

　具体的な産後ケア事業について

・実施主体：市町村（助産師会等に委託可能）

・対象者：原則、産婦並びに新生児を含む乳児（他、サービスが必要な家族）

・提供する産後ケアサービス：

　①ショートステイ型（短期入所で生活支援等）

　②デイサービス型（保健センター等で相談等）

　③アウトリーチ型（居宅訪問で乳房ケア等）

（注）　産後ケアには、助産に係る資産の譲渡等として既に非課税とされている役務の提供（例：乳房マッサージ）も一部含まれることから、当該役務の提供については消費税法別表第二第８号により消費税が非課税となる点が明らかにされています。

（産後ケア事業）（母子保健法17の２）

第十七条の二　市町村は、出産後一年を経過しない女子及び乳児の心身の状態に応じた保健指導、療養に伴う世話又は育児に関する指導、相談その他の援助（以下この項において「産後ケア」という。）を必要とする出産後一年を経過しない女子及び乳児につき、次の各号のいずれかに掲げる事業（以下この条において「産後ケア事業」という。）を行うよう努めなければならない。

　一　病院、診療所、助産所その他内閣府令で定める施設であつて、産後ケアを行うもの（次号において「産後ケアセンター」という。）に産後ケアを必要とする出産後一年を経過しない女子及び乳児を短期間入所させ、産後ケアを行う事業

　二　産後ケアセンターその他の内閣府令で定める施設に産後ケアを必要とする出産後一年を経過しない女子及び乳児を通わせ、産後ケアを行う事業

　三　産後ケアを必要とする出産後一年を経過しない女子及び乳児の居宅を訪問し、産後ケアを行う事業

2　市町村は、産後ケア事業を行うに当たつては、産後ケア事業の人員、設備及び運営に関する基準として内閣府令で定める基準に従つて行わなければならない。

3　市町村は、産後ケア事業の実施に当たつては、妊娠中から出産後に至る支援を切れ目なく行う観点から、第二十二条第一項に規定する母子健康包括支援センターその他の関係機関との必要な連絡調整並びにこの法律に基づく母子保健に関する他の事業並びに児童福祉法その他の法令に基づく母性及び乳児の保健及び福祉に関する事業との連携を図ることにより、妊産婦及び乳児に対する支援の一体的な実施その他の措置を講ずるよう努めなければならない。

Q 4 - 12　地域包括支援センターの運営委託費

　市町村から支払われる地域包括支援センターの運営委託費について
も、消費税は非課税となりますか。

Answer

　老人介護支援センターの設置者である法人が受託した場合に収受する運営委託
費については非課税となりますが、その他の法人が受託した場合に収受する運営
委託費については一定の場合を除き消費税の課税の対象となります。

課税となるもの
・老人介護支援センターの設置者以外の法人が受託した場合 　　ただし、その事業が社会福祉事業に類するもの（消令14の３五）に該当する場合は非課税となる　　　　　　　　　　　　　　　　　　　　　　（消基通６－７－10(2)）
非課税となるもの
・老人介護支援センターの設置者である法人が受託した場合 　　　　　　　　　　　　　　　　　　　　　　　　　　　　（消基通６－７－10(1)）

　地域包括支援センターとは、平成18年４月１日から介護保険法の改正に伴い創
設された機関で、介護保険法第115条の46第１項において「地域住民の心身の健
康の保持及び生活の安定のために必要な援助を行うことにより、その保健医療の
向上及び福祉の増進を包括的に支援することを目的とする施設とする」と規定さ
れており、同法第115条の47第１項において「市町村は包括的支援事業の実施を
委託することができる」と規定されています。
　この地域包括支援センターの運営委託費については消費税法基本通達６－７－
10において、老人介護支援センターの設置者である法人が受託した場合に収受す
る運営委託費については、第二種社会福祉事業に該当するものとして非課税とさ

れています。

しかし、その他の法人が受託した場合に収受する運営委託費については、平成18年厚生労働省告示第311号「消費税法施行令第14条の３第５号の規定に基づき厚生労働大臣が指定する資産の譲渡等」に規定する、老人介護支援センターに類する事業として行われる資産の譲渡等に該当する場合（消令14の３五）を除き、消費税の課税の対象としています。

平成18年厚生労働省告示第311号に規定する事業とは以下のとおりです。

老人介護支援センターに類する事業

1　地域の老人の福祉に関する各般の問題につき、老人、その者を現に養護する者（以下「養護者」という。）、地域住民その他の者からの相談に応じ、介護保険法第24条第２項に規定する介護給付等対象サービス（以下「介護給付等対象サービス」という。）その他の保健医療サービス又は福祉サービス、権利擁護のための必要な援助等の利用に必要な助言を行う事業

2　地域における保健医療、福祉の関係者その他の者との連携体制の構築及びその連携体制の活用、居宅への訪問等の方法による主として居宅において介護を受ける老人（以下「介護を受ける老人」という。）に係る状況の把握を行う事業

3　介護給付等対象サービスその他の保健医療サービス又は福祉サービス、権利擁護のための必要な援助等を利用できるよう、介護を受ける老人又は養護者と市町村、老人居宅生活支援事業を行う者、老人福祉施設、医療施設、老人クラブその他老人の福祉を増進することを目的とする事業を行う者等との連絡調整を行う事業

4　その他介護を受ける老人又は養護者に必要な援助として行う次に掲げる事業

　イ　介護を受ける老人が要介護状態又は要支援状態となることを予防するため、その心身の状況、その置かれている環境その他の状況に応じて、その選択に基づき、介護予防に関する事業（介護保険法第18条第２号に規定する予防給付に係るものを除く。）その他の適切な事業が包括的かつ効率的に提供されるよう必要な援助を行う事業（介護保険法第115条の45第１項第１号に規定する介護予防・日常生活支援総合事業に係る事業を除く。）

　ロ　介護保険法第７条第５項に規定する介護支援専門員への支援、介護給付等対象サービスその他の保健医療サービス又は福祉サービス等の連携体制の確保等により、介護を受ける老人が地域において自立した日常生活を営むことができるよう、包括的かつ継続的な支援を行う事業

ハ　医療に関する専門知識を有する者が、介護サービス事業者、居宅における医療を提供する医療機関その他の関係者の連携を推進するものとして、介護保険法施行規則第140条の62の8各号に掲げる事業を行う事業（ロに掲げる事業を除く。）

ニ　介護を受ける老人の地域における自立した日常生活の支援及び要介護状態等となることの予防又は要介護状態等の軽減若しくは悪化の防止に係る体制の整備その他のこれらを促進する事業

ホ　保健医及び福祉に関する専門的知識を有する者による認知症の早期における症状の悪化防止のための支援その他認知症である又はその疑いのある介護を受ける老人に対する総合的な支援を行う事業

（平成18年厚生労働省告示第311号）

Q 4-13 老人居宅生活支援事業

当法人は厚生労働省の「地域支援事業実施要綱」に沿って、「二次予防事業」の「通所型介護予防事業」として、高齢者等の送迎を行う事業を市から受託しています。この事業は社会福祉事業には該当しませんが、市から収受する委託料は、消費税法第6条別表第二第7号ハにおける社会福祉事業に類する事業として非課税と考えてよろしいでしょうか。

Answer

消費税法第6条別表第二第7号ハにおいて、社会福祉事業に類する事業として行われる資産の譲渡等は非課税とされています。

そして、消費税法施行令第14条の3は、「法別表第二第7号ハに規定する政令で定めるものは、次に掲げるものとする。」として、第8号で「前各号に掲げるもののほか、老人福祉法第5条の2第1項に規定する老人居宅生活支援事業、障害者総合支援法第5条第1項に規定する障害福祉サービス事業その他これらに類する事業として行われる資産の譲渡等のうち、国又は地方公共団体の施策に基づきその要する費用が国又は地方公共団体により負担されるものとして内閣総理大臣及び厚生労働大臣が財務大臣と協議して指定するもの」と規定しています。

上記内閣総理大臣及び厚生労働大臣と財務大臣との協議による指定については、平成3年6月7日厚生省告示第129号により、「次に掲げる事業のうち、その要する費用の2分の1以上が国又は地方公共団体により負担される事業として行われる資産の譲渡等」と定められており、その第1号には、「……、身体上若しくは精神上の障害があるために日常生活を営むのに支障のある65歳以上の者（65歳未満であって特に必要があると認められる者を含む。）若しくはその者を現に養護する者、……に対して行う次に掲げる事業」として、「イ　居宅において入浴、排せつ、食事等の介護その他の日常生活を営むのに必要な便宜を供与する事業、ロ　施設に通わせ、入浴、食事の提供、機能訓練、介護方法の指導その他の便宜

を供与する事業、ハ 居宅において介護を受けることが一時的に困難になった者
を、施設に短期間入所させ、養護する事業」であると定めています。

したがって、上記告示に定める事業は、消費税法別表第二第7号ロに規定する
社会福祉事業等には該当しないものの、その要する費用の2分の1以上が国又は
地方公共団体により負担される場合には、消費税法別表第二第7号ハの「社会福
祉事業等として行われる資産の譲渡等に類するもの」に該当し、消費税は非課税
とされることになります。

ご質問の委託事業は、高齢者等の送迎のみを行う事業であり、事業施設や居宅
等において入浴、食事の提供、機能訓練、介護方法の指導などの便宜を供与する
事業ではありませんから、平成3年6月7日厚生省告示第129号に定める事業に
は該当しません。したがって、「地域支援事業実施要綱」に沿って運営され、そ
の要する費用の2分の1以上を地方公共団体が負担しているとしても、消費税が
非課税となる社会福祉事業等として行われる資産の譲渡等に類するものには該当
しません。

社会福祉事業等に類するもの

(消法別表第二第7号ハ、消令14の3)

⑧ 前各号に掲げるもののほか、老人福祉法第5条の2第1項（定義）に規定する
老人居宅生活支援事業、障害者総合支援法第5条第1項（定義）に規定する**障害
福祉サービス事業**（同項に規定する居宅介護、重度訪問介護、同行援護、行動援
護、短期入所及び共同生活援助に係るものに限る。）その他これらに類する事業
として行われる資産の譲渡等のうち、国又は地方公共団体の施策に基づきその要
する費用が国又は地方公共団体により負担されるものとして内閣総理大臣及び厚
生労働大臣が財務大臣と協議して指定するもの

(H3.6.7 厚生省告示129号)

老人居宅生活支援事業（老人福祉法）

種　類	対　象　者	対象サービス
老人居宅介護等事業	65歳以上の者であって、身体上又は精神上の障害があるために日常生活を営むのに支障があるもの	訪問介護 定期巡回・随時対応型訪問介護看護 夜間対応型訪問介護 第一号訪問事業
老人デイサービス事業	65歳以上の者であって、身体上又は精神上の障害があるために日常生活を営むのに支障があるもの	通所介護 地域密着型通所介護 認知症対応型通所介護 介護予防認知症対応型通所介護 第一号通所事業
老人短期入所事業	65歳以上の者であって、養護者の疾病その他の理由により、居宅において介護を受けることが一時的に困難となったもの	短期入所生活介護 介護予防短期入所生活介護
小規模多機能型居宅介護事業	65歳以上の者であって、身体上又は精神上の障害があるために日常生活を営むのに支障があるもの	小規模多機能型居宅介護 介護予防小規模多機能型居宅介護
認知症対応型老人共同生活援助事業	65歳以上の者であって、認知症であるために日常生活を営むのに支障があるもの	認知症対応型共同生活介護 介護予防認知症対応型共同生活介護
複合型サービス福祉事業	65歳以上の者であって、身体上又は精神上の障害があるために日常生活を営むのに支障があるもの	複合型サービス(訪問介護、通所介護、短期入所生活介護、定期巡回・随時対応型訪問介護看護、夜間対応型訪問介護、地域密着型通所介護、認知症対応型通所介護又は小規模多機能型居宅介護を含むものに限る。)

（各事業の詳細はＱ４－２参照）

障害福祉サービス事業（障害者総合支援法）の一部

種　類	対　象　者	対象サービス
居宅介護	障害者等	居宅において入浴、排せつ又は食事の介護その他の主務省令で定める便宜を供与すること
重度訪問介護	重度の肢体不自由者その他の障害者であって常時介護を要する障害者	居宅又はこれに相当する場所として主務省令で定める場所における入浴、排せつ又は食事の介護その他の主務省令で定める便宜及び外出時における移動中の介護を総合的に供与すること
同行援護	視覚障害により、移動に著しい困難を有する障害者等	外出時において、当該障害者等に同行し、移動に必要な情報を提供するとともに、移動の援護その他の主務省令で定める便宜を供与すること
行動援護	知的障害又は精神障害により行動上著しい困難を有する障害者等であって常時介護を要するもの	当該障害者等が行動する際に生じ得る危険を回避するために必要な援護、外出時における移動中の介護その他の主務省令で定める便宜を供与すること
短期入所	居宅においてその介護を行う者の疾病その他の理由により、障害者支援施設その他の主務省令で定める施設への短期間の入所を必要とする障害者等	当該施設に短期間の入所をさせ、入浴、排せつ又は食事の介護その他の主務省令で定める便宜を供与すること
共同生活援助	障害者	主として夜間において、共同生活を営むべき住居において相談、入浴、排せつ又は食事の介護その他の日常生活上の援助を行うこと

消費税法施行令第14条の３第８号の規定に基づき
厚生労働大臣が指定する資産の譲渡等

平成３年６月７日厚生省告示第129号

最終改正：令和５年５月10日内閣府・厚生労働省告示第１号

次に掲げる事業のうち、その要する費用の２分の１以上が国又は地方公共団体により負担される事業

① 次に掲げる事業

対象者

イ）身体に障害のある18歳に満たない者若しくはその者を現に介護する者

ロ）知的障害の18歳に満たない者若しくはその者を現に介護する者

ハ）身体障害者若しくはその者を現に介護する者

ニ）知的障害者若しくはその者を現に介護する者

ホ）精神障害者若しくはその者を現に養護する者

ヘ）身体上若しくは精神上の障害があるために日常の生活を営むのに支障のある65歳以上の者（65歳未満であって特に必要があると認められる者を含む。）若しくはその者を現に養護する者

ト）母子及び父子並びに寡婦福祉法第６条第１項に規定する配偶者のない女子若しくはその者に現に扶養されている20歳に満たない者

チ）65歳以上の者のみにより構成される世帯に属する者

リ）配偶者のない男子に現に扶養されている20歳に満たない者若しくはその者を扶養している当該配偶者のない男子

ヌ）父及び母以外の者に現に扶養されている20歳に満たない者若しくはその者を扶養している者

対象事業

イ）居宅において入浴、排せつ、食事等の介護その他の日常生活を営むのに必要な便宜を供与する事業

ロ）施設に通わせ、入浴、食事の提供、機能訓練、介護方法の指導その他の便宜を供与する事業

ハ）居宅において介護を受けることが一時的に困難になった者を、施設に短期間入所させ、養護する事業

② 身体障害者、知的障害者又は精神障害者が共同生活を営むべき住居において食事の提供、相談その他の日常生活上の援助を行う事業

③ 原子爆弾被爆者に対する援護に関する法律第１条に規定する被爆者であって、居宅において介護を受けることが困難な者を施設に入所させ、養護する事業

④ 身体に障害がある児童、身体障害者、身体上若しくは精神上の障害があるため

に日常生活を営むのに支障のある65歳以上の者又は65歳以上の者のみにより構成
される世帯に属する者（以下「身体に障害がある児童等」という。）に対して、
その者の居宅において入浴の便宜を供与する事業
⑤　身体に障害がある児童等に対して、その者の居宅において食事を提供する事業

老人福祉法に規定する老人居宅生活支援事業、障害者総合支援法に規定する障害福祉
サービス事業（居宅介護、重度訪問介護、同行援護、行動援護、短期入所及び共同生
活援助に限る。）その他これらに類する事業のうち、国又は地方公共団体の施策に基
づきその要する費用の2分の1以上が国又は地方公共団体により負担される事業

対象者		対象事業	
対象者	身体に障害のある18歳に満たない者若しくはその者を現に介護する者	対象事業	イ）居宅において入浴、排せつ、食事等の介護その他の日常生活を営むのに必要な便宜を供与する事業 ロ）施設に通わせ、入浴、食事の提供、機能訓練、介護方法の指導その他の便宜を供与する事業 ハ）居宅において介護を受けることが一時的に困難になった者を、施設に短期間入所させ、養護する事業
	知的障害の18歳に満たない者若しくはその者を現に介護する者		
	身体障害者若しくはその者を現に介護する者		
	知的障害者若しくはその者を現に介護する者		
	精神障害者若しくはその者を現に養護する者		
	身体上若しくは精神上の障害があるために日常の生活を営むのに支障のある65歳以上の者（65歳未満であって特に必要があると認められる者を含む。）若しくはその者を現に養護する者		
	母子及び父子並びに寡婦福祉法第6条第1項に規定する配偶者のない女子若しくはその者に現に扶養されている20歳に満たない者		
	65歳以上の者のみにより構成される世帯に属する者		

配偶者のない男子に現に扶養されている20歳に満たない者若しくはその者を扶養している当該配偶者のない男子	
父及び母以外の者に現に扶養されている20歳に満たない者若しくはその者を扶養している者	

対　象　者	対　象　事　業
身体障害者、知的障害者又は精神障害者	共同生活を営むべき住居において食事の提供、相談その他の日常生活上の援助を行う事業
原子爆弾被爆者に対する援護に関する法律に規定する被爆者であって、居宅において介護を受けることが困難な者	施設に入所させ、養護する事業
身体に障害がある児童	イ）その者の居宅において入浴の便宜を供与する事業 ロ）その者の居宅において食事を提供する事業
身体障害者	
身体上若しくは精神上の障害があるために日常生活を営むのに支障のある65歳以上の者	
65歳以上の者のみにより構成される世帯に属する者	

（4）　地方自治体よりの委託事業

Q 4-14　非課税となる地方自治体よりの委託事業の範囲

　地方自治体よりの委託事業は個別にはいろいろな取扱いがあります が、どれが課税でどれが非課税か整理がつきません。整理をして説明し てください。

Answer

　非課税の取扱いがある場合以外は、委託元がたとえ地方自治体であっても原則 的には課税取引となります。非課税となる委託事業は次のとおりです。

(1)　社会福祉法人等が地方公共団体等から当該地方公共団体等が設置した社会福 祉施設の経営を委託された場合（消基通6-7-9）

　　この取扱いは、Q4-2の社会福祉事業等のうち、「……を経営する事業」 に限定していることに注意が必要です。

社会福祉法第2条に規定する社会福祉事業のうち
① 第一種社会福祉事業（抜粋）
　イ　生活保護法に規定する救護施設、更生施設その他生計困難者を無料又は低額 　　な料金で入所させて生活の扶助を行うことを目的とする施設を経営する事業
　ロ　児童福祉法に規定する乳児院、母子生活支援施設、児童養護施設、障害児入 　　所施設、児童心理治療施設又は児童自立支援施設を経営する事業
　ハ　老人福祉法に規定する養護老人ホーム、特別養護老人ホーム又は軽費老人 　　ホームを経営する事業
　ニ　障害者総合支援法に規定する障害者支援施設を経営する事業（生産活動とし 　　ての作業に基づき行われる資産の譲渡等を除く。）
　ホ　売春防止法に規定する婦人保護施設を経営する事業
　ヘ　授産施設を経営する事業（生産活動としての作業に基づき行われる資産の譲

渡等を除く。)

③　第二種社会福祉事業（抜粋）

　ハ　児童福祉法に規定する助産施設、保育所、児童厚生施設又は児童家庭支援センターを経営する事業

　ヘ　母子及び父子並びに寡婦福祉法に規定する母子・父子福祉施設を経営する事業

　ト　老人福祉法に規定する老人デイサービスセンター、老人短期入所施設、老人福祉センター又は老人介護支援センターを経営する事業

　チ　障害者総合支援法に規定する地域活動支援センター又は福祉ホームを経営する事業（生産活動としての作業に基づき行われる資産の譲渡等を除く。)

　リ　身体障害者福祉法に規定する身体障害者福祉センター、補装具製作施設、盲導犬訓練施設又は視聴覚障害者情報提供施設を経営する事業

(2)　地域包括支援センターの運営を委託された場合

　老人介護支援センターの設置者である法人が包括的支援事業として行う場合は、老人介護支援センターを経営する事業として第２種社会福祉事業に該当し、非課税となります（消基通6－7－10(1)）。

(3)　国又は地方公共団体の施策に基づきその要する費用が国又は地方公共団体により負担されるものとして内閣総理大臣及び厚生労働大臣が財務大臣と協議して指定する事業を委託された場合（Q4－13参照）（消法別表第二第7号ハ、消令14の3）。

消費税法施行令第14条の3第8号の規定に基づき、
内閣総理大臣及び厚生労働大臣が指定する資産の譲渡等

平成3年6月7日厚生省告示第129号

次に掲げる事業のうち、その要する費用の2分の1以上が国又は地方公共団体により負担される事業

①　次に掲げる事業

対象者

　イ）身体に障害のある18歳に満たない者若しくはその者を現に介護する者

　ロ）知的障害の18歳に満たない者若しくはその者を現に介護する者

　ハ）身体障害者若しくはその者を現に介護する者

　ニ）知的障害者若しくはその者を現に介護する者

　　ホ）精神障害者若しくはその者を現に養護する者

　　へ）身体上若しくは精神上の障害があるために日常の生活を営むのに支障のある65歳以上の者（65歳未満であって特に必要があると認められる者を含む。）若しくはその者を現に養護する者

　　ト）母子及び父子並びに寡婦福祉法第 6 条第 1 項に規定する配偶者のない女子若しくはその者に現に扶養されている20歳に満たない者

　　チ）65歳以上の者のみにより構成される世帯に属する者

　　リ）配偶者のない男子に現に扶養されている20歳に満たない者若しくはその者を扶養している当該配偶者のない男子

　　ヌ）父及び母以外の者に現に扶養されている20歳に満たない者若しくはその者を扶養している者

　対象事業

　　イ）居宅において入浴、排せつ、食事等の介護その他の日常生活を営むのに必要な便宜を供与する事業

　　ロ）施設に通わせ、入浴、食事の提供、機能訓練、介護方法の指導その他の便宜を供与する事業

　　ハ）居宅において介護を受けることが一時的に困難になった者を、施設に短期間入所させ、養護する事業

②　身体障害者、知的障害者又は精神障害者が共同生活を営むべき住居において食事の提供、相談その他の日常生活上の援助を行う事業

③　原子爆弾被爆者に対する援護に関する法律第1条に規定する被爆者であって、居宅において介護を受けることが困難な者を施設に入所させ、養護する事業

④　身体に障害がある児童、身体障害者、身体上又は精神上の障害があるために日常生活を営むのに支障のある65歳以上の者又は65歳以上の者のみにより構成される世帯に属する者（以下「身体に障害がある児童等」という。）に対して、その者の居宅において入浴の便宜を供与する事業

⑤　身体に障害がある児童等に対して、その者の居宅において食事を提供する事業

⑷　事業者が社会福祉施設に係る業務の一部を当該社会福祉施設を設置した地方公共団体等又は設置者である地方公共団体等から当該社会福祉施設の経営を委託された社会福祉法人等の委託により行う場合で、当該業務の一部を行うことが社会福祉事業に該当する場合（社会福祉事業に類する場合を含む）（消基通 6－7－9）。

⑸　市町村特別給付として行う居宅への配食サービス（Q 4－15参照）

Q 4−15　市町村特別給付

当法人では市町村特別給付の一環として「ふとん丸洗い乾燥サービス」を市からの委託事業として行っています。これは市からの委託事業ですから非課税と考えてよろしいでしょうか。消費税法上の取扱いについて教えて下さい。

Answer

食事の提供（配食、給食）については非課税となりますが、食事の提供以外のものは消費税の課税の対象となります。

保険給付には「介護給付」と「予防給付」の他に、「市町村特別給付」があります。市町村特別給付とは、その名が示すように市町村が条例で定めた独自の給付で、サービスの内容は各市町村によって異なります。また、介護給付の対象外となっているサービスを、市町村が独自に保険給付対象サービスとして加えている場合もあります。

このような「市町村特別給付」については、消費税法基本通達6−7−1⒀において「要介護者又は居宅要支援者に対して行う食事の提供」についてのみ非課税と規定しています。

課税となるもの
・食事の提供以外
非課税となるもの
・食事の提供（配食、給食）

(消令14の2③十一、消基通6−7−1⒀)

Q 4−16　社会福祉事業の一部委託

　当社は市の委託を受けた社会福祉法人の運営するデイサービスセンターの給食業務と清掃業務を受託しています。これらの業務に対する消費税の課税関係を教えてください。

Answer

　民間の事業者（社会福祉法人を含む。）等が、地方公共団体又は地方公共団体が設置した社会福祉施設の経営を委託された社会福祉法人等から、給食サービスや送迎サービス等の社会福祉施設に係る業務の一部を委託された場合、又は社会福祉施設で使用する物品の納入等に係る資産の譲渡等を行う場合は、社会福祉事業の委託ではなく、通常のサービス、物品の購入にあたることから、当該委託料又は資産の譲渡等の対価は、課税対象となります。

　ただし、当該業務の一部を行うことが社会福祉事業に該当する場合は当該事業者が行う業務は、法別表第二第七号ロ《社会福祉事業等に係る資産の譲渡等》に規定する社会福祉事業として行われる資産の譲渡等に該当し、非課税となります（消基通6−7−9）。

　なお、介護保険法に規定する居宅サービス事業者、居宅介護支援事業者又は介護保険施設等からの委託により、他の事業者が、非課税となる介護保険に係る業務の一部を行う場合における当該委託業務は、居宅サービス事業者等に対して行われるものですので、非課税とはなりません（消基通6−7−4）。

　通所介護事業者、通所リハビリテーション事業者、短期入所生活介護事業者、短期入所療養介護事業者及び介護保険施設においては、調理業務、洗濯等の利用者又は入所者等の処遇に直接影響を及ぼさない業務については、上記事業者の従業者以外の第三者に業務を委託することが可能ですが、居宅サービス事業者等が上記業務を委託する場合における受託者に対する委託に係る対価については、受託者が委託者たる居宅サービス事業者等に対してサービスを提供するものであ

り、消費税が非課税となる介護保険サービスに該当しないものですから、消費税の課税対象となります（事務連絡3⑸）。

　『事務連絡「社会福祉事業等の委託に関する消費税の取扱いに係る問答集について」』の内容は、発出当時の原文であるため、「消費税法別表第一（号）第7号イ」と記載の部分は、現行法では「消費税法別表第二第7号ロ」となります。

社会福祉事業の委託に関する消費税の取扱いについて

平成9年9月29日

障企第389号、社援企第174号、老計第123号、児企第24号

（各都道府県、指定都市、中核市民生主管部（局）長あて厚生省大臣官房障害保健福祉部企画課長、厚生省社会・援護局企画課長、厚生省老人保健福祉局老人福祉計画課長、厚生省児童家庭局企画課長通知）

　社会福祉事業に関する消費税の取扱いについては、平成3年6月7日付け老福第131号・健医発第737号・社庶第135号・児発第530号厚生省大臣官房老人保健福祉部長・保健医療局長・社会局長・児童家庭局長連名通知により通知しているところであるが、同通知の別紙一「消費税制度改正の概要について（社会福祉関係）」の一の（一）のなお書きについては、種々問合せがあることから、その趣旨は下記のとおりであることを改めて通知するので、この旨事業者に対し指導し、又は、関係団体を通じて事業者に対し周知徹底させ、その運用に遺憾のないようにされたい。

　なお、左記については、税務当局と協議済みであることを申し添える。

記

1　地方公共団体が設置した社会福祉施設の経営を社会福祉事業団等に委託する場合に、地方公共団体から当該社会福祉事業団等に支払われる委託料は、社会福祉事業として行われる資産の譲渡等に当たることから、消費税法別表第一号第7号イの規定に該当し、非課税となる。

2　民間の事業者（社会福祉法人を含む。）等が、地方公共団体又は地方公共団体が設置した社会福祉施設の経営を委託された社会福祉事業団等から、送迎サービス等の社会福祉施設に係る業務の一部を委託された場合又は社会福祉施設で使用する物品の納入等に係る資産の譲渡等を行う場合は、社会福祉事業の委託ではなく、通常のサービス、物品の購入にあたることから、当該委託料又は資産の譲渡等の対価は、前記1には該当せず、課税対象となる。

（注一）　前記1及び2の消費税の課税関係を整理すれば、別紙のとおりである。

（注二）　前記2に該当する例としては、以下のようなものがある。

　　　　　社会福祉施設の運営事業のうち、以下のようなサービスなど、その一部のみを委託した場合

・　送迎サービス
・　給食サービス
・　洗濯サービス
・　清掃サービス

別紙

○社会福祉事業に係る課税関係

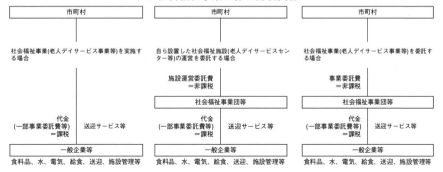

平成10年6月30日　事務連絡

（各都道府県・指定都市・中核市・民生主管部（局）あて）

> 厚生省大臣官房障害保健福祉部企画課長
> 厚生省社会・援護局企画課長
> 厚生省老人保健福祉局老人福祉計画課長
> 厚生省老人保健福祉局老人福祉振興課長
> 厚生省児童家庭局企画課長

社会福祉事業等の委託に関する消費税の取扱いに係る問答集について

　社会福祉事業の委託に関する消費税の取扱いについては、「社会福祉事業の委託に関する消費税の取扱いについて」（平成9年9月29日付け障企第389号・社援企第174号・老計第123号・児企第24号厚生省大臣官房障害保健福祉部企画課長・社会・援護局企画課長・老人保健福祉局老人福祉計画課長・児童家庭局企画課長連名通知）をもってお示ししましたが、社会福祉事業に類する事業の委託に関する消費税の取扱いについても、種々問合せがありましたので、今般、別紙のとおり、社会福祉事業等の委託に関する消費税の取扱いに係る問答集を取りまとめました。

　各都道府県、指定都市及び中核市におかれましては、貴管下市町村等に配布するなど、適切な対応方お願いします。

　なお、本件については、税務当局（国税庁）とも協議済みである旨を念のために申し添えます。

（別紙）社会福祉事業等の委託に関する消費税の取扱いに係る問答集
《凡例》
　・「法」：消費税法（昭和63法律第108号）
　・「告示」：消費税法施行令第14条の2第5号の規定に基づき、厚生大臣が指定する資産の譲渡等を定める件（平成3年6月厚生省告示第129号）

　　・「通知」：社会福祉事業の委託に関する消費税の取扱いについて（平成9年9月29日
　　　　　　　障企第389号・社援企第174号・老計第123号・児企第24号厚生省大臣官房
　　　　　　　障害保健福祉部企画課長・社会・援護局企画課長・老人保健福祉局老人福
　　　　　　　祉計画課長・児童家庭局企画課長連名通知）
　　・「社会福祉事業」：社会福祉事業法（昭和26年法律第45号）第2条に規定する社会福
　　　　　　　祉事業

〈問1〉
　市町村がその運営する特別養護老人ホームにおける調理業務や清掃業務を社会福祉法
人や民間事業者に委託する場合、委託料に対しては、消費税が課税されるのですか。

〈答〉
　消費税の非課税措置の対象となる事業には、「社会福祉事業」等が含まれます（法別
表第一）。しかしながら、特別養護老人ホームにおける調理業務や清掃業務は、特別養
護老人ホームを経営する事業の一部であって当該事業全体ではないため、「社会福祉事
業」に該当しない（通知記2）ほか、その他の消費税の非課税措置の対象となる事業に
も該当しません。したがって、消費税が課税されます。

〈問2〉
　市町村が特別養護老人ホームの運営を社会福祉事業団に委託し、社会福祉事業団が特
別養護老人ホームにおける調理業務や清掃業務を社会福祉法人や民間事業者に委託する
場合、委託料や再委託料に対しては、消費税が課税されるのですか。

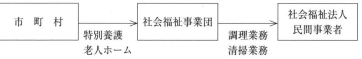

〈答〉
(1)　委託料の取扱い
　「社会福祉事業」は、消費税の非課税措置の対象となっており（法別表第一第7号
イ）、特別養護老人ホームを経営する事業は、これに該当します。したがって、消費税
が課税されません。
(2)　再委託料の取扱い
　消費税の非課税措置の対象となる事業には、「社会福祉事業」等が含まれます（法別
表第一）。しかしながら、特別養護老人ホームにおける調理業務や清掃業務は、特別養
護老人ホームを経営する事業の一部であって当該事業全体ではないため、「社会福祉事
業」に該当しない（通知記2）ほか、その他の消費税の非課税措置の対象となる事業に
も該当しません。したがって、消費税が課税されます。

〈問3〉
　市町村がその運営する老人デイサービス事業のうち訪問事業としての入浴サービスや給食サービスを社会福祉法人や民間事業者に委託する場合、委託料に対しては、消費税が課税されるのですか。

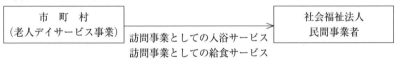

〈答〉
　「社会福祉事業」は、消費税の非課税措置の対象となっています（法別表第一第7号イ）が、老人デイサービス事業における訪問事業としての入浴サービスや給食サービスは、老人デイサービス事業の一部であって当該事業全体ではないため、「社会福祉事業」には該当しません（通知記2）。
　しかしながら、別途、「身体に障害がある児童等に対してその者の居宅において入浴の便宜を供与する事業」や「身体に障害がある児童等に対してその者の居宅において食事を提供する事業」のうち、「その要する費用の2分の1以上が国又は地方公共団体により負担される事業」は、消費税の非課税措置の対象となります（告示第4号および第5号）。したがって、再委託の対象となる訪問事業としての入浴サービスや給食サービスがこれらに該当する場合には、消費税は課税されません。
※「身体に障害がある児童等」には、身体に障害がある児童のほか、①身体障害者、②身体上又は精神上の障害があるために日常生活を営むのに支障のある65歳以上の者、③65歳以上の者のみにより構成される世帯に属する者が含まれます（告示第4号）。

〈問4〉
　市町村が老人デイサービス事業を社会福祉法人や民間事業者に委託し、社会福祉法人や民間事業者がそのうち訪問事業としての入浴サービスや給食サービスを他の社会福祉法人や民間事業者に再委託する場合、委託料や再委託料に対しては、消費税が課税されるのですか。

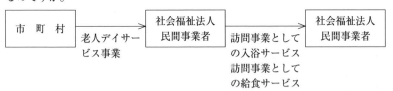

〈答〉
(1)　委託料の取扱い
　「社会福祉事業」は、消費税の非課税措置の対象となっており（法別表第一第7号イ）、老人デイサービス事業は、これに該当します。したがって、消費税が課税されません。
(2)　再委託料の取扱い
　「社会福祉事業」は、消費税の非課税措置の対象となっています（法別表第一第7号

イ）が、老人デイサービス事業における訪問事業としての入浴サービスや給食サービス
は、老人デイサービス事業の一部であって当該事業全体ではないため、「社会福祉事業」
に該当しません（通知記2）。

　しかしながら、別途、「身体に障害がある児童等に対してその者の居宅において入浴
の便宜を供与する事業」や「身体に障害がある児童等に対してその者の居宅において食
事を提供する事業」のうち、「その要する費用の2分の1以上が国又は地方公共団体に
より負担される事業」は、消費税の非課税措置の対象となります（告示第4号および第
5号）。したがって、再委託の対象となる訪問事業としての入浴サービスや給食サービ
スがこれらに該当する場合には、消費税は課税されません。

※「身体に障害がある児童等」には、身体に障害がある児童のほか、①身体障害者、②
　身体上又は精神上の障害があるために日常生活を営むのに支障のある65歳以上の者、
　③65歳以上の者のみにより構成される世帯に属する者が含まれます（告示第4号）。

〈問5〉
　市町村がその運営する老人デイサービス事業のうち通所事業としての給食サービスや
訪問事業としての洗濯サービスを社会福祉法人や民間事業者に委託する場合、委託料に
対しては、消費税が課税されるのですか。

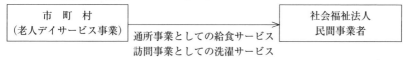

〈答〉
　消費税の非課税措置の対象となる事業には、「社会福祉事業」等が含まれます（法別
表第一）。しかしながら、老人デイサービス事業における通所事業としての給食サービ
スや訪問事業としての洗濯サービスは、老人デイサービス事業の一部であって当該事業
全体ではないため、「社会福祉事業」に該当しない（通知記2）ほか、その他の消費税
の非課税措置の対象となる事業にも該当しません。したがって、消費税が課税されます。

〈問6〉
　市町村が老人デイサービス事業を社会福祉法人や民間事業者に委託し、社会福祉法人
や民間事業者がそのうち通所事業としての給食サービスや訪問事業としての洗濯サービ
スを他の社会福祉法人や民間事業者に再委託する場合、委託料や再委託料に対しては、
消費税が課税されるのですか。

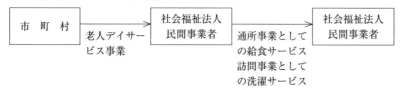

〈答〉
(1) 委託料の取扱い

　「社会福祉事業」は、消費税の非課税措置の対象となっており（法別表第一第7号イ）、老人デイサービス事業は、これに該当します。したがって、消費税が課税されません。

(2) 再委託料の取扱い

　消費税の非課税措置の対象となる事業には、「社会福祉事業」等が含まれます（法別表第一）。しかしながら、老人デイサービス事業における通所事業としての給食サービスや訪問事業としての洗濯サービスは、老人デイサービス事業の一部であって当該事業全体ではないため、「社会福祉事業」に該当しない（通知記2）ほか、その他の消費税の非課税措置の対象となる事業にも該当しません。したがって、消費税が課税されます。

〈問7〉
　訪問入浴サービス事業や配食サービス事業について、市町村が社会福祉法人や民間事業者に委託する場合、委託料に対しては、消費税が課税されるのですか。

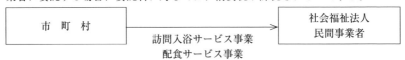

〈答〉
　「社会福祉事業」は、消費税の非課税措置の対象となっています（法別表第一第7号イ）が、訪問入浴サービス事業や配食サービス事業は、「社会福祉事業」に該当しません。

　しかしながら、別途、「身体に障害がある児童等に対してその者の居宅において入浴の便宜を供与する事業」や「身体に障害がある児童等に対してその者の居宅において食事を提供する事業」のうち、「その要する費用の2分の1以上が国又は地方公共団体により負担される事業」は、消費税の非課税措置の対象となります（告示第4号および第5号）。したがって、委託の対象となる訪問入浴サービスや配食サービスがこれらに該当する場合には、消費税は課税されません。
※「身体に障害がある児童等」には、身体に障害がある児童のほか、①身体障害者、②身体上又は精神上の障害があるために日常生活を営むのに支障のある65歳以上の者、③65歳以上の者のみにより構成される世帯に属する者が含まれます（告示第4号）。

〈問8〉
　訪問入浴サービス事業や配食サービス事業について、市町村が社会福祉協議会や福祉公社に委託し、社会福祉協議会や福祉公社が社会福祉法人や民間事業者に再委託する場合、委託料や再委託料に対しては、消費税が課税されるのですか。

〈答〉

(1)　委託料の取扱い

　「社会福祉事業」は、消費税の非課税措置の対象となっています（法別表第一第7号イ）が、訪問入浴サービス事業や配食サービス事業は、「社会福祉事業」に該当しません。

　しかしながら、別途、「身体に障害がある児童等に対してその者の居宅において入浴の便宜を供与する事業」や「身体に障害がある児童等に対してその者の居宅において食事を提供する事業」のうち、「その要する費用の2分の1以上が国又は地方公共団体により負担される事業」は、消費税の非課税措置の対象となります（告示第4号および第5号）。したがって、委託の対象となる訪問入浴サービスや配食サービスがこれらに該当する場合には、消費税は課税されません。

※「身体に障害がある児童等」には、身体に障害がある児童のほか、①身体障害者、②身体上又は精神上の障害があるために日常生活を営むのに支障のある65歳以上の者、③65歳以上の者のみにより構成される世帯に属する者、が含まれます（告示第4号）。

(2)　再委託料の取扱い

　「社会福祉事業」は、消費税の非課税措置の対象となっています（法別表第一第7号イ）が、訪問入浴サービス事業や配食サービス事業は、「社会福祉事業」に該当しません。

　しかしながら、別途、「身体に障害がある児童等に対してその者の居宅において入浴の便宜を供与する事業」や「身体に障害がある児童等に対してその者の居宅において食事を提供する事業」のうち、「その要する費用の2分の1以上が国又は地方公共団体により負担される事業」は、消費税の非課税措置の対象となります（告示第4号および第5号）。したがって、再委託の対象となる訪問入浴サービスや配食サービスがこれらに該当する場合には、消費税は課税されません。

※「身体に障害がある児童等」には、身体に障害がある児童のほか、①身体障害者、②身体上又は精神上の障害があるために日常生活を営むのに支障のある65歳以上の者、③65歳以上の者のみにより構成される世帯に属する者が含まれます（告示第4号）。

〈問9〉

　寝具乾燥消毒サービス事業や移送サービス事業について、市町村が社会福祉法人や民間事業者に委託する場合、委託料に対しては、消費税が課税されるのですか。

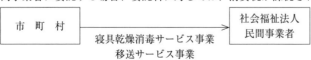

〈答〉

　消費税の非課税措置の対象となる事業には、「社会福祉事業」等が含まれます（法別

表第一)。しかしながら、寝具乾燥消毒サービス事業や移送サービス事業は、「社会福祉事業」に該当しないほか、その他の消費税の非課税措置の対象となる事業にも該当しません。したがって、消費税が課税されます。

〈問10〉

　寝具乾燥消毒サービス事業や移送サービス事業について、市町村が社会福祉協議会や福祉公社に委託し、社会福祉協議会や福祉公社が社会福祉法人や民間事業者に再委託する場合、委託料や再委託料に対しては、消費税が課税されるのですか。

〈答〉

(1)　委託料の取扱い

　消費税の非課税措置の対象となる事業には、「社会福祉事業」等が含まれます（法別表第一）。しかしながら、寝具乾燥消毒サービス事業や移送サービス事業は、「社会福祉事業」に該当しないほか、その他の消費税の非課税措置の対象となる事業にも該当しません。したがって、消費税が課税されます。

(2)　再委託料の取扱い

　消費税の非課税措置の対象となる事業には、「社会福祉事業」等が含まれます（法別表第一）。しかしながら、寝具乾燥消毒サービス事業や移送サービス事業は、「社会福祉事業」に該当しないほか、その他の消費税の非課税措置の対象となる事業にも該当しません。したがって、消費税が課税されます。

《注》

1　問1及び問2における「特別養護老人ホーム」は、例示であり、

　①児童福祉法（昭和22年法律第164号）第39条に規定する保育所

　②身体障害者福祉法（昭和24年法律第283号）第5条に規定する身体障害者更生援護施設

　③生活保護法（昭和25年法律第144号）第38条に規定する保護施設

　④売春防止法（昭和31年法律第118号）第36条に規定する婦人保護施設

　⑤知的障害者福祉法（昭和35年法律第37号）第5条に規定する知的障害者援護施設

　⑥老人福祉法（昭和38年法律第133号）第5条の3に規定する老人福祉施設（特別養護老人ホームを除く。）

　も同様の取扱いとなる。

　また、児童福祉法第7条に規定する児童福祉施設（保育所を除く）における清掃業務も、同様の取扱いとなる。

2　問3から問6までにおける「老人デイサービス事業」は例示であり、老人福祉法第20条の2の2に規定する老人デイサービスセンターも、同様の取扱いとなる。

　また、問5及び問6については、

　①児童福祉法第6条の2第3項に規定する児童デイサービス事業

　②身体障害者福祉法第4条の2第3項に規定する身体障害者デイサービス事業

③「在宅知的障害者デイサービス事業の実施について」（平成3年9月30日付け児発
　第832号児童家庭局長通知）別紙（在宅知的障害者デイサービス事業実施要綱）に
　基づく在宅知的障害者デイサービス事業
における通所事業としての給食サービスも、同様の取扱いとなる。

Q **4-17**	障害者相談支援事業を受託した場合の消費税の取扱い

　社会福祉法人である当社は、市との委託契約に基づき、「障害者相談支援事業」を行っており、当該事業に係る委託料を受領していますが、当社が受領する委託料の消費税の取扱いはどうなるのでしょうか。

Answer

　社会福祉法に規定する社会福祉事業として行われる資産の譲渡等については、消費税が非課税となります。

　社会福祉法上、障害者総合支援法に規定する「一般相談支援事業」及び「特定相談支援事業」は第二種社会福祉事業とされていますが、「障害者相談支援事業」は、障害者に対する日常生活上の相談支援を行うものであり、入所施設や病院からの地域移行等の相談を行う「一般相談支援事業」や、障害福祉サービスの利用に係る計画作成等の支援を行う「特定相談支援事業」には該当せず、また、社会福祉法に規定する他の社会福祉事業のいずれにも該当しません。

　上記に加え、当該事業については消費税法上、非課税の対象として規定されているものでもないことから、当該事業の委託は、非課税となる資産の譲渡等には該当せず、受託者が受け取る委託料は、課税の対象となります。

　（注）　「障害者相談支援事業」は、第77条第1項第3号の規定に基づき、市町村が行うものとされている事業であり、障害者等が障害福祉サービスを利用しつつ、自立した日常生活又は社会生活を営むことができるよう、地域の障害者等の福祉に関する各般の問題につき、障害者等からの相談に応じ、必要な情報の提供及び助言その他の便宜を供与するとともに、障害者等に対する虐待の防止及びその早期発見のための関係機関との連絡調整その他の障害者等の権利の擁護のために必要な援助を行う事業とされています。

【国税庁質疑応答事例、消法別表第二第7号ロ、消基通6-7-9】

【参考】
　税務上の取扱いを誤認している市町村があるとの報道を受けた
　事務連絡「障害者相談支援事業その他の事業における社会福祉法上の取扱い」

　障害者総合支援法第77条第1項第3号を根拠として、市町村は地域生活支援事業である障害者相談支援事業を行うこととされていますが、当該事業における税務上の取扱いについて誤認している市町村がある旨の報道を受け、令和5年10月4日に、事務連絡「障害者相談支援事業その他の事業における社会福祉法上の取扱いについて（こども家庭庁支援局障害児支援課・厚生労働省社会・援護局障害保健福祉部障害福祉課・厚生労働省社会・援護局障害保健福祉部精神・障害保健課連名）」が、発出されました。
　当該事務連絡では、税務上の誤認が起こった背景として、「社会福祉法に基づく社会福祉事業は消費税が非課税とされており、一部の市町村において、障害者相談支援事業の社会福祉法上の取扱いが明確に周知されていなかったことから、当該事業が社会福祉事業に該当するものと誤認し、誤って非課税扱いとして取り扱っていたことによるものと考えられる」とされています。そのため、障害者相談支援事業その他の事業における社会福祉法上の取扱いについて、国税庁課税部消費税室とも協議済として、以下の内容が示されました。

1．障害者相談支援事業等に係る社会福祉法上の取扱いについて
　障害者総合支援法第77条第1項第3号を根拠として市町村が行う障害者相談支援事業については、社会福祉法第2条第2項及び第3項の各号いずれにも該当せず、社会福祉事業には該当しないこと。また、障害児・者の相談支援に関する事業である以下の事業についても同様に社会福祉事業には該当しないこと。

（障害者総合支援法第77条第1項第3号関係）
・住宅入居等支援事業（居住サポート事業）

（障害者総合支援法第77条の2関係）
・基幹相談支援センターを運営する事業（基幹相談支援センター等機能強化事業を含む。）

（障害者総合支援法第78条第1項関係）
・障害児等療育支援事業
・発達障害者支援センターを運営する事業
・高次脳機能障害及びその関連障害に対する支援普及事業

(その他)
・医療的ケア児支援センターを運営する事業

2．障害者相談支援事業等に係る税務上の取扱い及び委託料の算定について
　消費税法第6条及び同法別表第一第7号ロ※に基づき、社会福祉法上の社会福祉事業については消費税が非課税とされているが、障害者相談支援事業等については、上記1のとおり社会福祉事業には該当せず、かつ、消費税関係法令上、他に非課税とする旨の規定もないことから、消費税の課税対象であること。
　また、自治体が当該事業を民間事業者に委託する場合の委託料については、委託料に消費税相当額を加えた金額を受託者に支払う必要があること。なお、税務上の取扱いの詳細については、所轄の税務署に照会いただくようお願いする。

※　事務連絡の表現に合わせていますが、現行法では「別表第二第7号ロ」となります。

第5章

公益法人等の消費税の計算の特例

Q 5-1 公益法人等の仕入控除税額の計算

社会福祉法人等の公益法人の場合は、民間法人とは異なり、仕入控除税額の計算にあたって注意が必要であると聞きました。どのような内容ですか。

Answer

国、地方公共団体、社会福祉法人や公益法人等は本来、市場経済の法則が成り立たない事業を行っていることが多く、税、会費、補助金や寄附金等の対価性のない収入を重要な財源とする場合があります。

このような対価性のない収入によって賄われる課税仕入れ等は、課税資産の譲渡等のコストを構成しない、いわば最終消費的な性格を持つものと考えられます。

また、消費税法における仕入税額控除制度は、税の累積を排除するためのものですから、対価性のない収入を原資とする課税仕入れ等に係る税額を課税売上げに係る消費税の額から控除することは合理性がありません。

そこで、国、地方公共団体、社会福祉法人や公益法人等については、通常の方法により計算される仕入控除税額について調整を行い、補助金等の対価性のない収入（特定収入）により賄われる課税仕入れ等に係る税額について、仕入税額控除の対象から除外することとしています（国税庁「国、地方公共団体や公共・公益法人等と消費税」令和5年6月）。

特例の対象となる事業者

特例計算の対象となる事業者は、次のとおりです。

① 国・地方公共団体の特別会計

② 公益社団・公益財団法人、一般社団・一般財団法人、社会福祉法人、社会医療法人等（消法別表第三）

ただし、次に掲げる場合には、仕入控除税額の調整を行う必要がありません。

① その課税期間の仕入控除税額を簡易課税制度を適用して計算する場合

② 　その課税期間における特定収入割合が<u>5％以下</u>である場合

$$特定収入割合 = \frac{特定収入の合計額}{課税売上高（税抜き）＋免税売上高＋非課税売上高＋特定収入の合計額}$$

Q 5-2 特定収入

　社会福祉法人等の仕入控除税額の計算にあたっては、特定収入割合が重要な影響を及ぼすようですが、特定収入がどのような収入かなかなか理解できません。わかりやすく教えてください。

Answer

　資産の譲渡等の対価以外の収入（対価性のない収入）は特定収入と特定収入以外の収入に区分され、その概要は以下のとおりです。

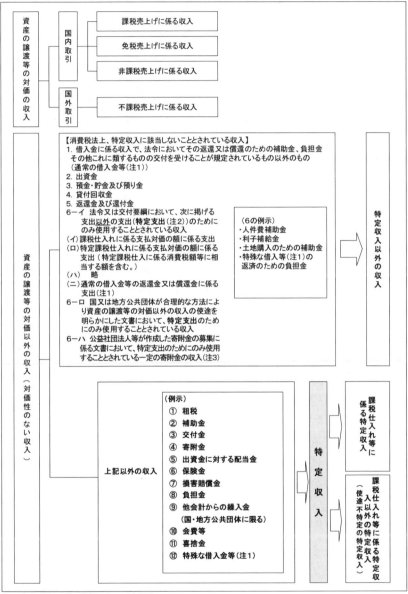

(注1)　「借入金等の取扱い」(P.307)を参照

(注2)　特定支出とは、6-イ(イ)～(ニ)に掲げる支出以外の支出ですので、たとえば、給与、利子、土地購入費、
　　　　特殊な借入金等の返済などがこれに該当します。

(注3)　平成26年4月1日以後に募集が開始される寄附金の収入について適用されます(P311参照)。

(国税庁「国、地方公共団体や公共・公益法人等と消費税」令和5年6月)

Q 5-3 借入金の償還補助金と特定収入

借入金の償還補助金は補助金の一種ですから通常の場合特定収入と考えればよいのでしょうか。該当しないとしたらどのような場合でしょうか。

Answer

借入金の償還補助金が特定収入に該当するか否かの基準は次のとおりです。

① 資産の譲渡等の対価以外の収入で特定支出に該当しないものとして掲げられているQ5-2の図の1. 通常の借入金等は本来の借入金に係る収入であり、期日には自らの事業活動によって得た収入によって返済又は償還すべきものであることから、特定収入には該当しないこととされています。

　このような借入金等は、借入れの時点では事業者自らの資金によって返済又は償還することを予定しているものですが、借入れを行った後にその返済又は償還に充てるものとして補助金等が交付される場合があります。このように法令又は交付要綱等において、借入金等の返済又は償還に充てることとして交付される補助金等は、それ自体は課税仕入れ等の支払に充てられるものではありませんが、元々の借入金等の収入が課税仕入れ等に充てられることがあるわけですから、このような場合は後に交付される補助金等が特定収入（6-イ（ハ）に該当）として取り扱われます。

② また、借入金に係る収入であっても、借入れ時において返済又は償還のための補助金等が交付されることが法令で規定されている場合は、借入金に係る収入自体が特定収入に該当します（消令第75条第1項第6号に該当する場合を除きます。）。

　この場合は、その後に交付される補助金等は、法令で特定収入に該当する借入金に係る返済又は償還（特定支出に該当します）に充てることとされているものですから、特定収入には該当しないことになります（斎藤文雄著「公共・公益法人のための消費税の実務」）。

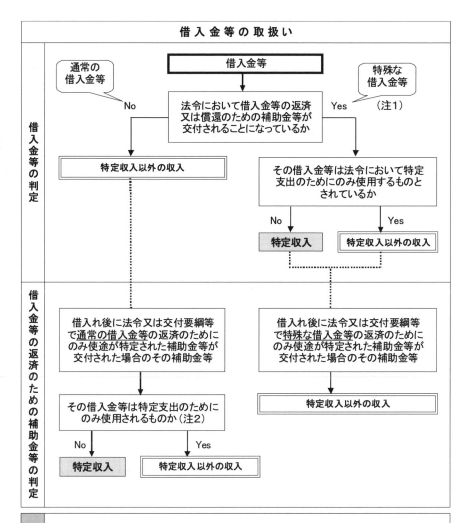

（国税庁「国、地方公共団体や公共・公益法人等と消費税」令和 5 年 6 月）

Q 5-4 補助金の使途の特定方法

　補助金はその使途によって特定収入に該当するかどうかの取扱いが異なるようですが、使途を特定する方法はどのようにするのでしょうか。

Answer

1．補助金等（資産の譲渡等の対価以外の収入）の使途の特定方法

　補助金等の「資産の譲渡等の対価以外の収入」については、特定支出のためにのみ使用することとされている収入は特定収入に該当せず、また、特定収入に該当する収入であっても、その使途によって仕入税額控除の計算方法が異なるため、補助金等の資産の譲渡等の対価以外の収入について、その使途の特定を行う必要があります。

① 　公益法人等における補助金等の使途は、法令又は交付要綱等によりその使途が明らかにされている補助金等については、その明らかにされているところにより使途を特定します。

　　交付要綱等とは、補助金等を交付する者が作成したその補助金等の使途を定めた文書をいい、補助金等交付要綱、補助金等交付決定書のほか、これらの附属書類である補助金等の積算内訳書、実績報告書も含まれます。

　（注）　通常の借入金等を財源として行った事業について、その借入金等の返済又は償還のための補助金等が交付される場合において、その補助金等の交付要綱等にその旨が記載されているときは、その補助金等はその事業に係る経費のみに使用される収入として使途を特定します。

② 　また、公益法人等が国又は地方公共団体から交付を受ける補助金等の使途は、交付要綱等でその使途が明らかにされていないまでも、その多くが予算又は決算において明らかにされていますので、公益法人等についても次の方法により使途を特定することができます。

　イ、法令又は交付要綱等において使途の細部が特定されていないものの、その

使途の大要が判明する補助金等は、その補助金等の交付を受ける公益法人等の代表者が使途の大要の範囲内で合理的計算に基づき細部を特定します。

(注)　「その使途の大要が判明する補助金等」とは、例えば、法令又は交付要綱等において「……の建設に要する費用に充てる」等の記載があるものをいいます。また、「使途の大要の範囲内で合理的な計算」とは、例えば、「……の建設に要する費用」のうちに占める課税仕入れ等の支出の額と課税仕入れ等以外の支出の額で按分することをいいます。

ロ、イにより使途が特定できない場合であっても、予算書若しくは予算関係書類又は決算書若しくは決算関係書類で使途が明らかになるものについては、これらにより使途を特定します。

(注)　「明らかとなるもの」とは、例えば、決算書の備考欄に補助金等が何の費用に充てられたかが記載されているものや、決算書の項目名で何の費用に充てられたかが明らかとなるものなどをいいます。

ハ、法令、交付要綱等、予算書、予算関係書類、決算書、決算関係書類において、借入金等の返済費又は償還費のための補助金等とされているもの（①の注書に該当するものを除きます）は、次の算式で按分する方法により、特定収入（課税仕入れ等に係る特定収入）と特定収入以外の収入に使途を特定します。

$$\text{特定収入} = \text{借入金等返済のための補助金等の額} \times \frac{\text{分母の課税期間における課税仕入れ等の支出の額}}{\text{借入金等に係る事業が行われた課税期間における支出（注）}}$$

$$\text{特定収入以外の収入} = \text{借入金等返済のための補助金等の額} \times \frac{\text{分母の課税期間におけるその他の支出の額}}{\text{借入金等に係る事業が行われた課税期間における支出（注）}}$$

(注)　借入金等に係る事業が行われた課税期間における支出には、①又は②イ若しくはロにより使途が特定された補助金等の使途としての支出並びに借入金等の返済費及び償還費を含みません。

二、イからハまでによっては使途の特定ができない補助金等は、次の算式で按分する方法により、特定収入（課税仕入れ等に係る特定収入）と特定収入以外の収入に使途を特定します。

$$特定収入 = 補助金等の額 \times \frac{分母の支出のうちの課税仕入れ等の支出の額}{当課税期間における支出（注1）}$$

$$特定収入以外の収入 = 補助金等の額 \times \frac{分母の支出のうちのその他の支出の額（借入金等返済額を除く）}{当課税期間における支出（注1）}$$

$$\begin{matrix}通常の借入金等の返済\\費又は償還費に使途が\\特定された収入(注2)\end{matrix} = 補助金等の額 \times \frac{当課税期間における借入金等返済額（ハで使途が特定された額を除く）}{当課税期間における支出（注1）}$$

（注1） 当課税期間における支出には、①又は②イ若しくはロにより使途が特定された補助金等の使途としての支出及び借入金等の返済費及び償還費のうち②ハにおいて処理済の部分を含みません。

（注2） 通常の借入金等の返済費又は償還費に使途が特定された収入については、さらに②ハの方法によって課税仕入れ等に係る特定収入と特定収入以外の収入に使途を特定します。

＜参考＞　②の方法により補助金の使途を特定した場合には、国の特別会計の所管大臣又は地方公共団体の長（公営企業にあっては公営企業の管理者）がその補助金の使途を明らかにした文書を確定申告書とともに納税地の所轄税務署長に提出してください。

　　　　　また、②ハ又はニの方法により使途を特定した場合には、その計算過程を明らかにしたものを添付書類として提出してください。

③　公共・公益法人等における補助金等の使途は、法令又は交付要綱等によりその使途が明らかにされている補助金等については、その明らかにされているところにより使途を特定します。

　また、公共・公益法人等が国又は地方公共団体から交付を受ける補助金等の使途は、交付要綱等でその使途が明らかにされていないまでも、その多くが予算又は決算において明らかにされていますので、公共・公益法人等においても②の方法により補助金等の使途を特定することができます。

　ただし、公益法人等が②の方法により使途を特定する場合は、補助金の交付元である国、地方公共団体がその補助金等の使途を明らかにした文書を確定申

告書とともに税務署長に提出する必要があります。

　公益社団法人又は公益財団法人が作成した寄附金の募集に係る文書において、特定支出のためにのみ使用することとされている当該寄附金の収入で、次に掲げる要件の全てを満たすことについて当該寄附金の募集に係る文書において明らかにされていることにつき、公益社団法人及び公益財団法人の認定等に関する法律第3条に規定する行政庁の確認を受けているものは、特定収入に該当しないこととなります。

(1)　特定の活動に係る特定支出のためにのみ使用されること

(2)　期間を限定して募集されること

(3)　他の資金と明確に区分して管理されること

※　平成26年4月1日以後に募集が開始される寄附金の収入について適用されます。

（国税庁「国、地方公共団体や公共・公益法人等と消費税」令和5年6月）

Q 5−5 特定収入に係る課税仕入れ等の税額の調整計算

社会福祉法人等については、特定収入割合が5％を超える場合、通常の方法により計算される仕入控除税額について調整を行い、特定収入により賄われる課税仕入れ等に係る税額について、仕入税額控除の対象から除外しなければならないそうですが、その計算方法を具体的に教えてください。

Answer

1. 特定収入に係る課税仕入れ等の税額の計算

簡易課税制度を適用せず、一般課税により仕入控除税額の計算を行う場合で、特定収入割合が5％を超えるときは、特定収入に係る課税仕入れ等の税額は仕入税額控除の対象とはなりません。

この場合は、次のように、課税売上が5億円以下で課税売上割合が95％以上のとき又は課税売上5億円超又は課税売上割合が95％未満のときにおける個別対応方式若しくは一括比例配分方式の区分に応じて計算した調整前の仕入控除税額から、特定収入に係る課税仕入れ等の税額を控除した後の金額が仕入控除税額となります。

仕入控除税額の調整がある場合の納付税額は、次の計算式により計算した金額となります。

$$\text{納付税額} = \underset{A}{\text{課税標準額に対する消費税額}} - \left(\underset{B}{\text{調整前の仕入控除税額}} - \underset{C}{\text{特定収入に係る課税仕入れ等の税額}} \right)$$

※ 調整前の仕入控除税額：通常の計算方式で算出した仕入控除税額

```
┌─────────────────────────────────────────────────────────────────────┐
│         特定収入に係る課税仕入れ等の税額の調整計算の要否判定表          │
│                                                                       │
│  ┌─一般課税─────────────────────┐                                 │
│  │                                                                    │
│  │ ┌──────────────┐   ┌──────────┐    ┌────────┐  ┌──────┐   │
│  │ │課税売上 5 億円以下で│   │  全額控除  │    │特定収入 │  │調整計算│   │
│  │ │課税売上割合95%以上 │───│          │    │割合が   │→│必要   │   │
│  │ └──────────────┘   └──────────┘    │5%超    │  └──────┘   │
│  │                       ┌──────────┐    └────────┘              │
│  │ ┌──────────────┐   │ 個別対応方式 │                           │
│  │ │課税売上 5 億円超又は│───│          │    ┌────────┐  ┌──────┐  │
│  │ │課税売上割合95%未満 │───│ 一括比例配分方式│   │特定収入 │  │調整計算│  │
│  │ └──────────────┘   └──────────┘    │割合が   │→│不要   │  │
│  │                                         │5%以下   │  └──────┘  │
│  └────────────────────────────────────     └────────┘            │
│  ┌────────────────────────────┐                                  │
│  │     簡易課税制度を選択している事業者     │                                 │
│  └────────────────────────────┘                                  │
└─────────────────────────────────────────────────────────────────────┘
```

（注）　平成24年 4 月 1 日以後に開始する課税期間から、その課税期間の課税売上高が
　　　 5 億円を超える場合には、個別対応方式又は一括比例配分方式のいずれかの方法に
　　　より仕入控除税額の計算を行います。

イ、課税売上 5 億円以下で課税売上割合が95%以上の場合

$$B = 課税仕入れ等（税込）\times \frac{7.8}{110}$$

$$C = D + E$$

$$D = \begin{array}{l}課税仕入れ等にのみ使途が\\特定されている特定収入\end{array} \times \frac{7.8}{110}$$

$$E = (B - D) \times 調整割合$$

$$調整割合 = \cfrac{\begin{array}{c}課税仕入れ等に係る特定収入以外の特定収入\\（使途不特定の特定収入）\end{array}}{\begin{array}{l}課税売上げ（税抜き）\cdot\\非課税売上げの合計額\end{array} + \begin{array}{l}課税仕入れ等に係る特定収入以外の\\特定収入（使途不特定の特定収入）\end{array}}$$

　　　※（B − D）がマイナスとなる場合

　　　$$C = D + (D - B) \times 調整割合$$

ロ、課税売上 5 億円超又は課税売上割合が95%未満で個別対応方式により計算す
　　る場合

$$B = \begin{array}{l}課税売上げに対応\\する課税仕入れ等\end{array} \times \frac{7.8}{110} + \begin{array}{l}課税売上げ・非課税売上げ\\に共通する課税仕入れ等\end{array} \times \frac{7.8}{110} \times \begin{array}{l}課税売\\上割合\end{array}$$

C = F + G + H

$$F = \frac{\text{課税売上げにのみ要する課税仕入れ等}}{\text{にのみ使途が特定されている特定収入}} \times \frac{7.8}{110}$$

$$G = \frac{\text{課税・非課税売上げに共通して要する課税仕}}{\text{入れ等にのみ使途が特定されている特定収入}} \times \frac{7.8}{110} \times \text{課税売上割合}$$

H ＝ ｛B－（F＋G）｝×調整割合

※ ｛B－（F＋G）｝がマイナスとなる場合

C ＝ F ＋ G ＋ ｛（F＋G）－B｝×調整割合

ハ、課税売上5億円超又は課税売上割合が95％未満で一括比例配分方式により計算する場合

$$B = \text{課税仕入れ等（税込）} \times \frac{7.8}{110} \times \text{課税売上割合}$$

C ＝ I ＋ J

$$I = \frac{\text{課税仕入れ等にのみ使途が}}{\text{特定されている特定収入}} \times \frac{7.8}{110} \times \text{課税売上割合}$$

J ＝ （B－I）×調整割合

※ （B－I）がマイナスとなる場合

C ＝ I ＋ （I－B）×調整割合

Q 5-6　具体的計算事例

Q5-5の計算方法を事例を用いて具体的に教えてください。

Answer

イ．個別対応方式を採用している場合

《設問》

<収入の内訳>

① 課税売上げ（税込）　13,200,000円

② 介護保険収入（非課税売上げ）　204,000,000円

③ 補助金収入

○ 交付要綱等において課税売上げにのみ要する課税
仕入れに使途が特定されているもの　3,000,000円

○ 交付要綱等において課税売上げ・非課税売上げに
共通して要する課税仕入れに使途が特定されてい
るもの　30,000,000円

○ 交付要綱等において人件費（通勤手当を除く）に
充てることとされているもの　5,000,000円

④ 預金利息　120,000円

⑤ 寄附金収入　1,000,000円

⑥ 配当金収入　200,000円

⑦ 保険金収入　2,600,000円

収入合計　259,120,000円

<支出の内訳>

⑧ 課税仕入れ（税込）

○ 課税売上げにのみ要する課税仕入れ　4,400,000円

○ 課税売上げ・非課税売上げに共通して要する課税
仕入れ　110,000,000円

○　非課税売上げにのみ要する課税仕入れ　　　　　6,600,000円

　　　　　　　　　小計　　　　　　　　　　　121,000,000円

⑨　課税仕入れ以外の支出　　　　　　　　　　　120,000,000円

　　　　　　　　　支出合計　　　　　　　　　　241,000,000円

《計算方法》

①　課税標準額

$$13,200,000円 \times \frac{100}{110} = 12,000,000円$$

②　課税標準額に対する消費税額

　　$12,000,000円 \times 7.8\% = 936,000円$

③　調整前の仕入控除税額の計算

　　課税売上げ（税抜）

$$13,200,000円 \times \frac{100}{110} = 12,000,000円 \quad \rightarrow \quad 計算表1①$$

　　非課税売上げ

$$\overset{介護保険収入}{204,000,000円} + \overset{預金利息}{120,000円} \quad \cdots \quad 204,120,000円 \quad \rightarrow \quad 計算表1④$$

　イ、課税売上割合

$$\frac{12,000,000円}{12,000,000円 + 204,120,000円} = \frac{12,000,000円}{216,120,000円}$$

$$= 5.55\cdots\cdots\%$$

　ロ、調整前の仕入控除税額

　　a　課税売上げにのみ要する課税仕入れ等の税額

$$4,400,000円 \times \frac{7.8}{110} = 312,000円$$

　　b　非課税売上げにのみ要する課税仕入れ等の税額

$$6,600,000円 \times \frac{7.8}{110} = 468,000円$$

　　c　課税売上げ・非課税売上げに共通して要する課税仕入れ等の税額

$$110,000,000円 \times \frac{7.8}{110} = 7,800,000円$$

　d　個別対応方式による仕入控除税額

$$312,000円 + 7,800,000円 \times \frac{12,000,000円}{12,000,000円 + 204,120,000円}$$

$$= 745,092円　\rightarrow　計算表5(2)①$$

④　特定収入に係る課税仕入れ等の税額（調整税額）の計算

　イ、資産の譲渡等の対価以外の収入を区分します（計算表2を使用します。）

　　　特定収入……補助金（人件費に充てることとされているもの以外）

　　　　　　　　　33,000,000円

　　　寄附金収入　　1,000,000円

　　　配当金収入　　　200,000円

　　　保険金収入　　2,600,000円

　　　合計　　　　36,800,000円　←　計算表2(1)⑰A

　ロ、特定収入割合の計算（計算表3を使用します。）

$$\frac{特定収}{入割合} = \frac{特定収入の合計額}{課税売上高（税抜）+ 非課税売上高 + 特定収入の合計額}$$

$$= \frac{36,800,000円}{12,000,000円 + 204,120,000円 + 36,800,000円}$$

$$= 14.55……\%　\rightarrow　計算表3④$$

　　　⇨特定収入割合が5％を超えているため、特定収入に係る調整計算を行う必要があります。

　ハ、調整後税額の計算

　　a　課税売上げにのみ要する課税仕入れ等にのみ使途が特定されている特定収入に係る税額

$$3,000,000円（計算表5(2)②）\times \frac{7.8}{110}$$

$$= 212,727円　\rightarrow　計算表5(2)③$$

b 課税売上げ・非課税売上げに共通して要する課税仕入れ等にのみ使途が特定されている特定収入に係る税額

$$30,000,000円（計算表5(2)④）\times \frac{7.8}{110}\times \frac{12,000,000円}{216,120,000円}$$

$$=118,116円 \quad \rightarrow \quad 計算表5(2)⑦$$

c 課税仕入れ等に係る特定収入以外の特定収入（使途不特定の特定収入）に係る税額

$$調整割合=\frac{3,800,000円（計算表2(1)⑰C）}{12,000,000円+204,120,000円+3,800,000円}$$

$$=\frac{3,800,000円}{219,920,000円} \quad \rightarrow \quad 計算表4④$$

※使途不特定の特定収入

補助金収入	0円
寄附金収入	1,000,000円
配当金収入	200,000円
保険金収入	2,600,000円
合計	3,800,000円 ← 計算表2(1)⑰C

（調整前の仕入控除税額）　（ハaの金額）　（ハbの金額）
745,092円 − 212,727円 − 118,116円

$$=414,249円 \quad \rightarrow \quad 計算表5(2)⑨$$

$$414,249円 \times 調整割合=7,157円 \quad \rightarrow \quad 計算表5(2)⑪$$

d 特定収入に係る課税仕入れ等の税額（調整税額）

$$212,727円+118,116円+7,157円=338,000円 \quad \rightarrow \quad 計算表5(2)⑫$$

e 調整前の仕入控除税額から調整税額を差し引き、控除対象仕入税額を算出します

（調整前の税額）　（調整税額）
$$控除対象仕入税額=745,092円-338,000円=407,092円$$

$$\rightarrow \quad 計算表5(2)⑬$$

計算表1　資産の譲渡等の対価の額の計算表

内　　　　容			金　　　額
課税売上げ	通常の課税売上げ、役員へ贈与及び低額譲渡	①	12,000,000円
	課税標準額に対する消費税額の特例適用の課税売上げ	②	
免税売上げ（輸出取引等）		③	
非課税売上げ		④	204,120,000
資産の譲渡等の対価の額の合計額		⑤	（計算表3①、計算表4①） 216,120,000

計算表２　特定収入の金額及びその内訳書

(1)　特定収入、課税仕入れ等に係る特定収入、課税仕入れ等に係る特定収入以外
　　の特定収入の内訳表

内　　容		資産の譲渡等の対価以外の収入	左のうち特定収入 A	Aのうち課税仕入れ等にのみ使途が特定されている金額（課税仕入れ等に係る特定収入） B	A－Bの金額（課税仕入れ等に係る特定収入以外の特定収入） C
租　　　　　税	①				
補 助 金・交 付 金	②	38,000,000	33,000,000	33,000,000	
他会計からの繰入金	③				
寄　　附　　金	④	1,000,000	1,000,000		1,000,000
出資に対する配当金	⑤	200,000	200,000		200,000
保　　険　　金	⑥	2,600,000	2,600,000		2,600,000
損 害 賠 償 金	⑦				
会 費・入 会 金	⑧				
喜　　捨　　金	⑨				
債 務 免 除 益	⑩				
借　　入　　金	⑪				
出 資 の 受 入 れ	⑫				
貸 付 回 収 金	⑬				
	⑭				
	⑮				
	⑯				
合　　　　　計	⑰	41,800,000	計算表3② 36,800,000	計算表2(2)D欄 33,000,000	計算表4② 3,800,000

計算表2　特定収入の金額及びその内訳書（個別対応方式用）

(2)　課税売上げにのみ要する課税仕入れ等にのみ使途が特定されている特定収入、課税・非課税売上げに共通して要する課税仕入れ等にのみ使途が特定されている特定収入の内訳書

内　　　　　容		課税仕入れ等に係る特定収入 （計算表2(1)の B欄の金額） D	Dの金額のうち	
			課税売上げにのみ要する課税仕入れ等にのみ使途が特定されている特定収入 E	課税・非課税売上げに共通して要する課税仕入れ等にのみ使途が特定されている特定収入 F
租　　　　　税	①			
補 助 金・交 付 金	②	33,000,000	3,000,000	30,000,000
他会計からの繰入金	③			
寄　　附　　金	④			
出資に対する配当金	⑤			
保　　険　　金	⑥			
損 害 賠 償 金	⑦			
会 費・入 会 金	⑧			
喜　　捨　　金	⑨			
債 務 免 除 益	⑩			
借　　入　　金	⑪			
出 資 の 受 入 れ	⑫			
貸 付 回 収 金	⑬			
	⑭			
	⑮			
	⑯			
合　　　　　計	⑰	33,000,000	計算表5(2)② 3,000,000	計算表5(2)④ 30,000,000

計算表3　特定収入割合の計算表

内　　　　　容		金　額　等
資産の譲渡等の対価の額の合計額（計算表1⑤）	①	216,120,000円
特定収入の合計額（計算表2(1)⑰のA）	②	36,800,000
分母の額（①＋②）	③	252,920,000
特定収入割合（②÷③）	④	14.6%

（小数点2位以下の端数切上げ）

計算表4　調整割合の計算表

内　　　　　容		金　額　等
資産の譲渡等の対価の額の合計額（計算表1⑤）	①	216,120,000円
課税仕入れ等に係る特定収入以外の特定収入（計算表2(1)⑰のC）	②	3,800,000
分母の額（①＋②）	③	219,920,000
調整割合（②÷③）	④	$\frac{3,800,000}{219,920,000}$

↓

計算表5(2)⑩

計算表5　調整後税額の計算表

(2)　課税売上割合が95％未満で個別対応方式を採用している場合

内　　　　　容		金　額　等
調整前の課税仕入れ等の税額の合計額	①	745,092円
課税売上げにのみ要する課税仕入れ等にのみ使途が特定されている特定収入（計算表2(2)⑰のE）	②	3,000,000
②×$\frac{7.8}{110}$（1円未満の端数切捨て）	③	212,727
課税・非課税売上げに共通して要する課税仕入れ等にのみ使途が特定されている特定収入（計算表2(2)⑰のF）	④	30,000,000
④×$\frac{7.8}{110}$（1円未満の端数切捨て）	⑤	2,127,272
課税売上割合	⑥	$\frac{12,000,000}{216,120,000}$
⑤×⑥（1円未満の端数切捨て）	⑦	118,116
③＋⑦	⑧	330,843
①－⑧	⑨	414,249
調整割合（計算表4④）	⑩	$\frac{3,800,000}{219,920,000}$
⑨×⑩（1円未満の端数切捨て）	⑪	7,157
特定収入に係る課税仕入れ等の税額（⑧＋⑪）	⑫	338,000
控除対象仕入税額（①－⑫）	⑬	407,092

ロ. 一括比例配分方式を採用している場合

《設問》

 ＜収入の内訳＞

 ① 課税売上げ（税込）   13,200,000円

 ② 介護保険収入（非課税売上げ）   204,000,000円

 ③ 補助金収入

  ○ 交付要綱等において課税売上げにのみ要する課税
    仕入れに使途が特定されているもの   3,000,000円

  ○ 交付要綱等において課税売上げ・非課税売上げに
    共通して要する課税仕入れに使途が特定されてい
    るもの   30,000,000円

  ○ 交付要綱等において人件費（通勤手当を除く）に
    充てることとされているもの   5,000,000円

 ④ 預金利息   120,000円

 ⑤ 寄附金収入   1,000,000円

 ⑥ 配当金収入   200,000円

 ⑦ 保険金収入   2,600,000円

    収入合計   259,120,000円

 ＜支出の内訳＞

 ⑧ 課税仕入れ（税込）

  ○ 課税売上げにのみ要する課税仕入れ 4,400,000円

  ○ 課税売上げ・非課税売上げに共通して要する課税
    仕入れ   110,000,000円

  ○ 非課税売上げにのみ要する課税仕入れ 6,600,000円

     小計   121,000,000円

 ⑨ 課税仕入れ以外の支出   120,000,000円

    支出合計   241,000,000円

《計算方法》

① 課税標準額

$$13,200,000円 \times \frac{100}{110} = 12,000,000円$$

② 課税標準額に対する消費税額

$$12,000,000円 \times 7.8\% = 936,000円$$

③ 調整前の仕入控除税額の計算

課税売上げ（税抜）

$$13,200,000円 \times \frac{100}{110} = 12,000,000円 \quad \rightarrow \quad \textbf{計算表 1 ①}$$

非課税売上げ

$$\overset{\text{介護保険収入}}{204,000,000円} + \overset{\text{預金利息}}{120,000円} \cdots 204,120,000円 \quad \rightarrow \quad \textbf{計算表 1 ④}$$

イ、課税売上割合

$$\frac{12,000,000円}{12,000,000円 + 204,120,000円} = \frac{12,000,000円}{216,120,000円}$$

$$= 5.55\cdots\cdots\%$$

ロ、調整前の仕入控除税額

　a　課税仕入れの支払対価の額の合計額

$$121,000,000円 \times \frac{7.8}{110} = 8,580,000円$$

　b　一括比例配分方式による仕入れに係る税額

$$8,580,000円 \times \frac{12,000,000円}{216,120,000円} = 476,401円 \quad \rightarrow \quad \textbf{計算表 5(3)①}$$

④ 特定収入に係る課税仕入れ等の税額（調整税額）の計算

　イ、資産の譲渡等の対価以外の収入を区分します（**計算表 2 を使用します。**）

特定収入……補助金（人件費に充てることとされているもの以外）

33,000,000円

寄附金収入	1,000,000円
配当金収入	200,000円
保険金収入	2,600,000円
合計	36,800,000円 ← 計算表2(1)⑰A

ロ、特定収入割合の計算（計算表3を使用します。）

$$\frac{特定収}{入割合} = \frac{特定収入の合計額}{課税売上高（税抜）＋非課税売上高＋特定収入の合計額}$$

$$= \frac{36,800,000円}{12,000,000円＋204,120,000円＋36,800,000円}$$

$$= 14.55……\% \quad → \quad 計算表3④$$

⇨特定収入割合が5％を超えているため、特定収入に係る調整計算
を行う必要があります。

ハ、調整後税額の計算

a　課税仕入れ等にのみ使途が特定されている特定収入（課税仕入れに
係る特定収入）に係る税額

$$33,000,000円（計算表5(3)②）\times \frac{7.8}{110} \times \frac{12,000,000円}{216,120,000円}$$

$$= 129,927円 \quad → \quad 計算表5(3)⑤$$

b　課税仕入れに係る特定収入以外の特定収入（使途不特定の特定収
入）に係る税額

$$調整割合 = \frac{3,800,000円（計算表2(1)⑰C）}{12,000,000円＋204,120,000円＋3,800,000円}$$

$$= \frac{3,800,000円}{219,920,000円} \quad → \quad 計算表4④$$

※使途不特定の特定収入

補助金収入	0円
寄附金収入	1,000,000円

配当金収入　　　　200,000円

保険金収入　　2,600,000円

合計　　　　　3,800,000円　←　**計算表 2 (1)⑰ C**

（調整前の仕入控除税額）　（ハ a の金額）
（　476,401円　－129,927円）×調整割合

　　＝5,986円　→　**計算表 5 (3)⑧**

c　特定収入に係る課税仕入れ等の税額（調整税額）

　　129,927円＋5,986円＝135,913円　→　**計算表 5 (3)⑨**

d　調整前の仕入控除税額から調整税額を差し引き、控除対象仕入税額
　を算出します

（調整前の税額）　　（調整税額）
控除対象仕入税額＝476,401円－135,913円＝340,488円

→　**計算表 5 (3)⑩**

計算表 1　資産の譲渡等の対価の額の計算表

内　　　　　容			金　　　額
課税売上げ	通常の課税売上げ、役員へ贈与及び低額譲渡	①	12,000,000円
	課税標準額に対する消費税額の特例適用の課税売上げ	②	
免税売上げ（輸出取引等）		③	
非課税売上げ		④	204,120,000
資産の譲渡等の対価の額の合計額		⑤	（計算表 3 ①、計算表 4 ①） 216,120,000

計算表2　特定収入の金額及びその内訳書

(1)　特定収入、課税仕入れ等に係る特定収入、課税仕入れ等に係る特定収入以外の特定収入の内訳表

内　　　　容		資産の譲渡等の対価以外の収入	左のうち特定収入 A	Aのうち課税仕入れ等にのみ使途が特定されている金額（課税仕入れ等に係る特定収入） B	A－Bの金額（課税仕入れ等に係る特定収入以外の特定収入） C
租　　　　　　　税	①				
補 助 金・交 付 金	②	38,000,000	33,000,000	33,000,000	
他会計からの繰入金	③				
寄　　　附　　　金	④	1,000,000	1,000,000		1,000,000
出資に対する配当金	⑤	200,000	200,000		200,000
保　　　険　　　金	⑥	2,600,000	2,600,000		2,600,000
損 害 賠 償 金	⑦				
会 費・入 会 金	⑧				
喜　　捨　　金	⑨				
債 務 免 除 益	⑩				
借　　入　　金	⑪				
出 資 の 受 入 れ	⑫				
貸 付 回 収 金	⑬				
	⑭				
	⑮				
	⑯				
合　　　　　　計	⑰	41,800,000	計算表3② 36,800,000	計算表5(3)② 33,000,000	計算表4② 3,800,000

計算表3　特定収入割合の計算表

内　　　　　容		金　額　等
資産の譲渡等の対価の額の合計額（計算表1⑤）	①	216,120,000円
特定収入の合計額（計算表2(1)⑰のＡ）	②	36,800,000
分母の額（①＋②）	③	252,920,000
特定収入割合（②÷③）	④	14.6％

（小数点2位以下の端数切上げ）

計算表4　調整割合の計算表

内　　　　　容		金　額　等
資産の譲渡等の対価の額の合計額（計算表1⑤）	①	216,120,000円
課税仕入れ等に係る特定収入以外の特定収入 （計算表2(1)⑰のＣ）	②	3,800,000
分母の額（①＋②）	③	219,920,000
調整割合（②÷③）	④	$\dfrac{3,800,000}{219,920,000}$

↓

計算表5(3)⑦

計算表5　調整後税額の計算表

(3)　課税売上割合が95％未満で一括比例配分方式を採用している場合

内　　　　　容		金　額　等
調整前の課税仕入れ等の税額の合計額	①	476,401円
課税売上げにのみ要する課税仕入れ等にのみ使途が特定されている特定収入（計算表2(1)⑰のB）	②	33,000,000
②×$\frac{7.8}{110}$（1円未満の端数切捨て）	③	2,340,000
課税売上割合	④	$\frac{12,000,000}{216,120,000}$
③×④（1円未満の端数切捨て）	⑤	129,927
①－⑤	⑥	346,474
調整割合（計算表4④）	⑦	$\frac{3,800,000}{219,920,000}$
⑥×⑦（1円未満の端数切捨て）	⑧	5,986
特定収入に係る課税仕入れ等の税額（⑤＋⑧）	⑨	135,913
控除対象仕入税額（①－⑨）	⑩	340,488

ハ. 施設整備事業年度で一括比例配分方式を採用している場合

《設問》

＜収入の内訳＞

①	就労支援事業収入（課税売上げ（税込））	13,200,000円
②	介護保険収入・支援費収入（非課税売上げ）	188,000,000円
③	補助金収入	
○	施設整備補助金収入 （課税仕入れに使途が特定されているもの）	60,000,000円
○	借入金元金償還補助金収入 （法令において補助対象施設の建設のための借入金の償還のために交付されることになっているもの（既存の借入金分））	9,000,000円
○	経常経費補助金収入 （使途が特定されていないもの）	3,000,000円
○	借入金利息補助金収入 （利子補給金）	1,000,000円
④	預金利息	100,000円
⑤	寄附金収入（使途が特定されていないもの）	4,000,000円
⑥	設備資金借入金収入 （法令において補助対象施設の建設のための借入金の償還のための補助金が交付されることになっているもの（新規の借入金分））	50,000,000円
⑦	設備資金借入金収入 （それ以外の施設建設のための借入金（新規の借入金分））	80,000,000円
	収入合計	408,300,000円

＜支出の内訳＞

⑧	課税仕入れ（税込）	
○	課税売上げにのみ要する課税仕入れ	8,800,000円
○	課税売上げ・非課税売上げに共通して要する課税仕入れ	33,000,000円
	同　（建物取得支出）	220,000,000円

○　非課税売上げにのみ要する課税仕入れ　　　　　　　　　0円

　　　　　　　　小計　　　　　　　　　　　　　　261,800,000円

⑨　課税仕入れ以外の支出　　　　　　　　　　　160,000,000円

　　人件費等　　　　　　　　　　　　　　　　　150,000,000円

　　借入金元金償還支出　　　　　　　　　　　　 10,000,000円

　　　　　　　　支出合計　　　　　　　　　　　421,800,000円

《計算方法》

①　課税標準額

$$13,200,000円 \times \frac{100}{110} = 12,000,000円$$

②　課税標準額に対する消費税額

$$12,000,000円 \times 7.8\% = 936,000円$$

③　調整前の仕入控除税額の計算

　課税売上げ（税抜）

$$13,200,000円 \times \frac{100}{110} = 12,000,000円 \quad \rightarrow \quad \textbf{計算表1①}$$

　非課税売上げ

介護保険収入・支援費収入　　　　　預金利息
$$188,000,000円 + 100,000円 \cdots\cdots 188,100,000円 \quad \rightarrow \quad \textbf{計算表1④}$$

イ、課税売上割合

$$\frac{12,000,000円}{12,000,000円 + 188,100,000円} = \frac{12,000,000円}{200,100,000円}$$

$$= 6 \cdots\cdots \%$$

ロ、調整前の仕入控除税額

　a　課税仕入れの支払対価の額の合計額

$$261,800,000円 \times \frac{7.8}{110} = 18,564,000円$$

　b　一括比例配分方式による仕入れに係る税額

$$18,564,000円 \times \frac{12,000,000円}{200,100,000円} = 1,113,283円 \quad \rightarrow \quad 計算表5(3)①$$

④　特定収入に係る課税仕入れ等の税額（調整税額）の計算

　イ、資産の譲渡等の対価以外の収入を区分します（計算表2を使用します。）

　　　特定収入

　　　　補助金収入（施設整備補助金）　60,000,000円

　　　　　　　　　……課税仕入れに係る支払対価の額に係る支出のための補助金

　　　　　　　　　（特定支出のためにのみ使用することとされている収入以外の収入）

　　　　補助金収入（経常経費補助金）　3,000,000円

　　　　　　　　　……使途不特定のもの

　　　　　　　　　（特定支出のためにのみ使用することとされている収入以外の収入）

　　　　寄附金収入　　　　　　　　　　4,000,000円

　　　　　　　　　……使途不特定のもの

　　　　設備資金借入金収入　　　　　　50,000,000円

　　　　　　　　　……法令において補助対象施設の建設のための借入金の償還のために交付されることになっているもの

　　　　合計　　　　　　　　　　117,000,000円　←　計算表2(1)⑰A

　　　特定収入以外の収入

　　　　補助金収入（借入金元金償還補助金）

　　　　　　　　　　　　　　　9,000,000円

　　　　　　　　　……補助金対象部分の設備資金借入金収入が特定支出となる

　　　　補助金収入（借入金利息補助金）　1,000,000円

　　　　　　　　　……特定支出のためにのみ使用することとされている

収入

設備資金借入金収入80,000,000円

　　　……償還補助金のない借入金にかかるもの

ロ、特定収入割合の計算（計算表3を使用します。）

$$\frac{特定収}{入割合} = \frac{特定収入の合計額}{課税売上高（税抜）+非課税売上高+特定収入の合計額}$$

$$= \frac{117,000,000円}{12,000,000円+188,100,000円+117,000,000円}$$

$$=36.89……\% \quad \rightarrow \quad 計算表3④$$

⇨特定収入割合が5％を超えているため、特定収入に係る調整計算を行う必要があります。

ハ、調整後税額の計算

　a　課税仕入れ等にのみ使途が特定されている特定収入（課税仕入れに係る特定収入）に係る税額

$$110,000,000円（計算表5(3)②）\times \frac{7.8}{110} \times \frac{12,000,000円}{200,100,000円}$$

$$=467,766円 \quad \rightarrow \quad 計算表5(3)⑤$$

　b　課税仕入れに係る特定収入以外の特定収入（使途不特定の特定収入）に係る税額

$$調整割合= \frac{7,000,000円（計算表2(1)⑰C）}{12,000,000円+188,100,000円+7,000,000円}$$

$$= \frac{7,000,000円}{207,100,000円} \quad \rightarrow \quad 計算表4④$$

※使途不特定の特定収入

補助金収入	3,000,000円
寄附金収入	4,000,000円
合計	7,000,000円　← 計算表2(1)⑰C

　　（調整前の仕入控除税額）　　（ハaの金額）

（　1,113,283円　　−467,766円）×調整割合

$$=21,818円　\rightarrow　計算表5(3)⑧$$

c　特定収入に係る課税仕入れ等の税額（調整税額）

$$467,766円+21,818円=489,584円　\rightarrow　計算表5(3)⑨$$

d　調整前の仕入控除税額から調整税額を差し引き、控除対象仕入税額を算出します。

$$\overset{(調整前の税額)}{控除対象仕入税額=1,113,283円}-\overset{(調整税額)}{489,584円}$$

$$=623,699円　\rightarrow　計算表5(3)⑩$$

計算表1　資産の譲渡等の対価の額の計算表

内　　容			金　　額
課税売上げ	通常の課税売上げ、役員へ贈与及び低額譲渡	①	12,000,000円
	課税標準額に対する消費税額の特例適用の課税売上げ	②	
免税売上げ（輸出取引等）		③	
非課税売上げ		④	188,100,000
資産の譲渡等の対価の額の合計額		⑤	（計算表3①、計算表4①） 200,100,000

計算表2　特定収入の金額及びその内訳書

(1)　特定収入、課税仕入れ等に係る特定収入、課税仕入れ等に係る特定収入以外
　　の特定収入の内訳表

内　　　　容		資産の譲渡等の対価以外の収入	左のうち特定収入 A	Aのうち課税仕入れ等にのみ使途が特定されている金額（課税仕入れ等に係る特定収入） B	A－Bの金額（課税仕入れ等に係る特定収入以外の特定収入） C
租　　　　　　税	①				
補 助 金 ・ 交 付 金	②	73,000,000	63,000,000	60,000,000	3,000,000
他会計からの繰入金	③				
寄　　附　　　金	④	4,000,000	4,000,000		4,000,000
出資に対する配当金	⑤				
保　　険　　　金	⑥				
損 害 賠 償 金	⑦				
会 費 ・ 入 会 金	⑧				
喜　　捨　　　金	⑨				
債 務 免 除 益	⑩				
借　　入　　　金	⑪	130,000,000	50,000,000	50,000,000	
出 資 の 受 入 れ	⑫				
貸 付 回 収 金	⑬				
	⑭				
	⑮				
	⑯				
合　　　　　計	⑰	207,000,000	計算表3② 117,000,000	計算表5(3)② 110,000,000	計算表4② 7,000,000

計算表3　特定収入割合の計算表

内　　　　　容		金　額　等
資産の譲渡等の対価の額の合計額（計算表1⑤）	①	200,100,000円
特定収入の合計額（計算表2(1)⑰のＡ）	②	117,000,000
分母の額（①＋②）	③	317,100,000
特定収入割合（②÷③）	④	36.9%

（小数点2位以下の端数切上げ）

計算表4　調整割合の計算表

内　　　　　容		金　額　等
資産の譲渡等の対価の額の合計額（計算表1⑤）	①	200,100,000円
課税仕入れ等に係る特定収入以外の特定収入 （計算表2(1)⑰のＣ）	②	7,000,000
分母の額（①＋②）	③	207,100,000
調整割合（②÷③）	④	$\dfrac{7,000,000}{207,100,000}$

↓

計算表5(3)⑦

計算表 5　調整後税額の計算表

(3)　課税売上割合が95％未満で一括比例配分方式を採用している場合

内　　　　　容		金　額　等
調整前の課税仕入れ等の税額の合計額	①	1,113,283円
課税売上げにのみ要する課税仕入れ等にのみ使途が特定されている特定収入（計算表2(1)⑰のB）	②	110,000,000
②×$\frac{7.8}{110}$（1円未満の端数切捨て）	③	7,800,000
課税売上割合	④	$\frac{12,000,000}{200,100,000}$
③×④（1円未満の端数切捨て）	⑤	467,766
①－⑤	⑥	645,517
調整割合（計算表4④）	⑦	$\frac{7,000,000}{207,100,000}$
⑥×⑦（1円未満の端数切捨て）	⑧	21,818
特定収入に係る課税仕入れ等の税額（⑤＋⑧）	⑨	489,584
控除対象仕入税額（①－⑨）	⑩	623,699

Q 5−7　適格請求書発行事業者以外の者からの課税仕入れに充てられた特定収入がある場合の仕入控除税額の調整規定

　　インボイス導入に伴い適格請求書発行事業者以外の者からの課税仕入れに充てられた特定収入がある場合に仕入控除税額の調整があるとのことですが、教えてください。

Answer

　事業者が、課税仕入れ等に係る特定収入により、インボイス制度開始後において仕入税額 控除の対象外となる適格請求書発行事業者以外の者からの課税仕入れである控除対象外仕入れを一定程度行った場合、当該特定収入による仕入控除税額については制限を受けることとなります。ここでいう控除対象外仕入れの一定程度とは、課税仕入れ等に係る特定収入により支出された課税仕入れのうち、適格請求書発行事業者以外の者からの課税仕入れが５％を超える場合に限ります。

<計算式>
① 　課税仕入れ等に係る特定収入のあった課税期間における課税売上高が５億円以下で課税売上割合が95％以上である場合

$$\boxed{調整対象額} = \boxed{\begin{array}{c}控除対象外仕入れに係る支払 \\ 対価の額^{(注1)}の合計額\end{array}} \times \underset{(注2)}{\frac{7.8}{110}} \times \underset{(注3)}{(1-調整割合)}$$

（注1）　免税事業者である課税期間及び簡易課税制度又は２割特例の適用を受ける課税期間において適格請求書発行事業者以外の者から行った課税仕入れに係る支払対価の額は含まれません。また、適格請求書発行事業者以外の者から行った課税仕入れであることにより仕入税額控除の適用を受けないこととなるものに限られます。以下②③においても同様です。

（注2）　控除対象外仕入れに係る支払対価の額の合計額のうち他の者から受けた軽減対象課税資産の譲渡等に係る控除対象外仕入れに係る支払対価の額については108分の6.24を乗じます。以下②③においても同様です。

（注3）　「1−調整割合」とは、課税仕入れ等に係る特定収入のあった課税期間における資産の譲渡等の対価の額の合計額に当該課税期間における課税仕入れ等に係る特定収入以外の特定収入の合計額を加算した金額のうちに当該資産

の譲渡等の対価の額の合計額の占める割合（＝事業収入の割合）を指します。以下②③においても同様です。

② 課税仕入れ等に係る特定収入のあった課税期間における課税売上高が5億円超又は課税売上割合が95％未満で個別対応方式を適用している場合

調整対象額 ＝（A＋B）×（1－調整割合）

A＝ 課税資産の譲渡等にのみ要する控除対象外仕入れに係る支払対価の額の合計額 $\times \dfrac{7.8}{110}$

B＝ 課税資産の譲渡等とその他の資産の譲渡等に共通して要する控除対象外仕入れに係る支払対価の額の合計額 $\times \dfrac{7.8}{110} \times$ 課税売上割合(注)

（注） 課税売上割合は、課税仕入れ等に係る特定収入のあった課税期間における課税売上割合を用います。以下③においても同様です。

③ 課税仕入れ等に係る特定収入のあった課税期間における課税売上高が5億円超又は課税売上割合が95％未満で一括比例配分方式を適用している場合

調整対象額 ＝ 控除対象外仕入れに係る支払対価の額の合計額 $\times \dfrac{7.8}{110} \times$ 課税売上割合 $\times$（1－調整割合）

【国税庁　「国、地方公共団体や公共・公益法人等と消費税」（令和5年6月）】

┌───┐

メディカル・マネジメント・プランニング・グループについて

私たちは医療・福祉に精通した経営支援の専門家集団です

　MMPG は、医療機関の経営の安定化、近代化に資するとともに行政の施策遂行の円滑化に寄与することにより、わが国医療界の健全な発展に貢献することを理念として、名誉理事長の川原邦彦（平成17年4月逝去）が趣旨に賛同する職業会計人17名を発起人として1985年（昭和60年）4月に創設した学際的・業際的コンサルタントのグループです。

　MMPG の創設に当たっては急速に進む社会変化の中で21世紀のあるべき医療制度を検討し、既成制度の改革を推進する行政と、これに対応する医療機関両サイドの支援機能としての経営指導専門家集団創設の必要性、つまり全国規模での医業経営に精通したコンサルタント団体の設立が渇望されていたといった背景がありました。まさに MMPG はこれらに呼応する形で誕生した屈指の専門家集団ということができます。創設後は、冒頭に記した理念のもと、全国より多くの賛同者が会員として集い、現在では北海道から沖縄までをネットするわが国最大級のコンサルタントグループへと成長をとげております。

　また、MMPG はわが国医療経済学の深耕と発展に資すべく医療関係の識者から成る医療経済フォーラムジャパンへの全面支援など、その活動範囲はコンサルタント団体の域を遥かに超越するものとなっています。

└───┘

メディカル・マネジメント・プランニング・グループ

事務局：東京都品川区北品川4－7－35　御殿山トラストタワー4階

TEL 03-6721-9763　FAX 03-6721-9764　URL https://www.mmpg.gr.jp

MMPG 会員事務所

	所在地	事務所名	電話番号
北海道	札幌市	税理士法人池脇会計事務所	011-551-2617
	函館市	菊地喜久税理士事務所	0138-55-3350
東北	八戸市	株式会社近田会計事務所	0178-43-7051
	盛岡市	株式会社大沢会計＆人事コンサルタンツ	019-643-3838
	大仙市	税理士法人日本未来経営	0187-63-2959
	山形市	税理士法人あさひ会計	023-631-6521
	郡山市	あおぞら税理士法人	024-944-3644
関信越	水戸市	小野瀬公認会計士事務所	029-257-6222
	下妻市	税理士法人ＹＧＰ鯨井会計	0296-43-1133
	宇都宮市	税理士法人アミック＆パートナーズ	028-908-4411
	足利市	浅沼みらい税理士法人	0284-41-1365
	高崎市	税理士法人原澤会計	027-323-3803
	高崎市	税理士法人思惟の樹事務所	027-364-5050
	高崎市	島津会計税理士法人	027-323-2203
	伊勢崎市	株式会社藤井経営	0270-25-7696
	さいたま市	株式会社ＣＷＭ総合経営研究所	048-779-8891
	所沢市	ＭＡＳＨＵＰ税理士法人	04-2928-3470
	長岡市	株式会社江口経営センター	0258-35-3146
	上越市	税理士法人和栗会計事務所	025-523-8571
	長野市	税理士法人ＭＡＣＣ	026-232-0255
	松本市	税理士法人のぞみ	0263-32-4737
	諏訪市	株式会社浜経営センター	0266-52-3712
東京	船橋市	税理士法人児島会計	047-424-1988
	館山市	有限会社ザ・プランナー	0470-24-2913
	千代田区	ＴＯＭＡ税理士法人	03-6266-2555
	千代田区	リッチフィールド税理士法人	03-3262-8511
	千代田区	ＯＡＧ税理士法人	03-3237-7530
	千代田区	日本クレアス税理士法人東京本社	03-3593-3235
	中央区	丹羽会計事務所	03-3548-1161
	台東区	税理士法人青木会計	03-5828-3900
	品川区	株式会社川原経営総合センター	03-5422-7670
	世田谷区	税理士法人佐藤事務所	03-5758-5517
	渋谷区	コンパッソ税理士法人	03-3476-2233
	北区	税理士法人総合経営サービス	03-3912-4417
	練馬区	税理士法人ＴＭＳ	03-5399-9251
	横浜市	税理士法人アイ・パートナーズ	045-503-2841
	横浜市	横浜みなとみらい税理士法人	045-751-2734
	横浜市	株式会社大山会計	045-831-1000
	相模原市	税理士法人八木会計	042-773-9266
	相模原市	税理士法人りんく	042-730-7891
	平塚市	株式会社カナメ経営会計	0463-32-8892
	小田原市	株式会社ブレイン・スタッフ	0465-24-3311
	厚木市	西迫会計事務所	046-221-1328
中部	岐阜市	税理士法人ＴＡＣＴ高井法博会計事務所	058-233-3333
	岐阜市	ＮＡＯ税理士法人	058-253-5411
	静岡市	税理士法人葵ファースト	054-251-1533
	静岡市	セブンセンス税理士法人	054-264-3171
	浜松市	税理士法人ＴＡＲＧＡ	053-458-1000
	沼津市	株式会社イワサキ経営	055-922-9870
	袋井市	株式会社ケイシーシー経営研究所	0538-42-9051
	名古屋市	税理士法人名南経営	052-589-2301
	名古屋市	葵総合税理士法人	052-331-1768
	豊田市	ミッドランド税理士法人 豊田オフィス	0565-33-1165

	所在地	事務所名	電話番号
北陸	富山市	税理士法人押田会計	076-452-2555
	富山市	日本クレアス税理士法人　富山本部	076-493-6050
	富山市	税理士法人総務部	076-493-0510
	金沢市	税理士法人木村経営ブレーン	076-260-1666
	金沢市	税理士法人畠経営グループ	076-252-6195
	福井市	税理士法人たすき会	0776-21-5667
	福井市	税理士法人合同経営会計事務所	0776-57-2370
	敦賀市	橋本佳和税理士事務所	0770-23-0215
近畿	京都市	京都紫明税理士法人	075-432-4377
	京都市	ひろせ税理士法人	075-801-6331
	京都市	税理士法人総合経営	075-256-1200
	京都市	新経営サービス清水税理士法人	075-343-0870
	京都市	アイネックス税理士法人	075-353-7077
	京都市	アイマーク税理士法人	075-594-7300
	大阪市	日本クレアス税理士法人　大阪本部	06-6222-0030
	大阪市	株式会社メディカルアセッツ	06-6206-5510
	大阪市	ウィズアップ税理士法人	06-6281-0361
	岸和田市	米本合同税理士法人	072-439-0300
	豊中市	株式会社日本経営	06-6865-1373
	枚方市	Apro's税理士法人	072-861-1900
	神戸市	税理士法人芦田合同会計事務所	078-393-2150
	姫路市	税理士法人稲田会計　姫路事務所	079-285-0850
	奈良市	税理士法人森田会計事務所	0742-22-3578
	和歌山市	税理士法人風神会計事務所	073-471-9898
中国	米子市	株式会社ヨネカワ	0859-22-9632
	岡山市	税理士法人おかやま創研	086-244-3456
	広島市	株式会社ユアーズブレーン	082-243-7331
	広島市	税理士法人長谷川会計	082-272-5868
	周南市	田村税理士事務所	0834-28-5400
四国	徳島市	税理士法人マスエージェント	088-632-6228
	徳島市	税理士法人すばる会計	088-622-6767
	高松市	税理士法人多田羅会計事務所	087-866-8800
	高松市	みどり合同税理士法人	087-834-0081
	松山市	税理士法人和田タックスブレイン	089-932-1188
	高知市	有限会社カギヤマ会計センター	088-872-1984
九州	北九州市	株式会社佐々木総研	093-651-5533
	北九州市	九州総合会計株式会社	093-642-7525
	福岡市	川庄公認会計士事務所	092-524-6556
	福岡市	篠原・植田税理士法人	092-751-1605
	福岡市	春畑税理士事務所	092-585-6865
	佐賀市	税理士法人諸井会計	0952-23-5106
	伊万里市	税理士法人アップパートナーズ　佐賀伊万里オフィス	0955-23-6712
	長崎市	株式会社内田会計事務所	095-861-2054
	佐世保市	税理士法人村田経理事務所	095-623-8201
	熊本市	株式会社碓井経営センター	096-371-1131
	熊本市	東秀優税理士事務所	096-383-3600
	大分市	イデア総研税理士法人	097-529-5757
	延岡市	有限会社マネジメント・ケイ	0982-35-7755
	小林市	株式会社前原総研	0984-22-5161
	鹿児島市	島元経営株式会社	099-253-9311
	鹿児島市	株式会社吉田経営	099-247-5655
	鹿児島市	税理士法人上川路会計	099-252-7070
	那覇市	キムタカ税理士法人	098-882-1962

編集・執筆者

川原　丈貴　㈱川原経営総合センター　代表取締役社長　公認会計士
　　　　　　税理士　MMPG 理事長

青木　惠一　税理士法人青木会計代表社員　税理士　MMPG 副理事長

菊地　喜久　菊地喜久税理士事務所所長　税理士　MMPG 専務理事

林　　徹郎　アイマーク税理士法人代表社員税理士　所長　MMPG 専
　　　　　　務理事

執 筆 者

佐々木　大　㈱佐々木総研　代表取締役　税理士　MMPG 医療・福祉・
　　　　　　介護経営研究所税制会計研究室室長

和栗　　賢　税理士法人和栗会計事務所社員　税理士　MMPG 医療・
　　　　　　福祉・介護経営研究所税制会計研究室副室長

松田　　茂　税理士法人あさひ会計　仙台事務所　税理士　MMPG 医
　　　　　　療・福祉・介護経営研究所税制会計研究室副室長

執筆協力者

松井　高士　MMPG 医療・福祉・介護経営研究所研究員

医療・介護・福祉の消費税

平成23年10月30日	初版発行	（著者承認検印省略）
令和5年12月5日	四訂版第1刷印刷	
令和5年12月15日	四訂版第1刷発行	

© 編　者　　メディカル・マネジメント・
　　　　　　　プランニング・グループ

発行所　　税 務 研 究 会 出 版 局
　　　　　　代表者　山　根　　　毅

郵便番号　100-0005
東京都千代田区丸の内1-8-2
（鉄鋼ビルディング）
http://www.zeiken.co.jp

乱丁・落丁の場合は，お取替えします。　　印刷・製本　奥村印刷㈱
ISBN978-4-7931-2781-6